中世から近世へ

秀吉の武威、信長の武威

天下人はいかに服属を迫るのか

黒嶋敏

平凡社

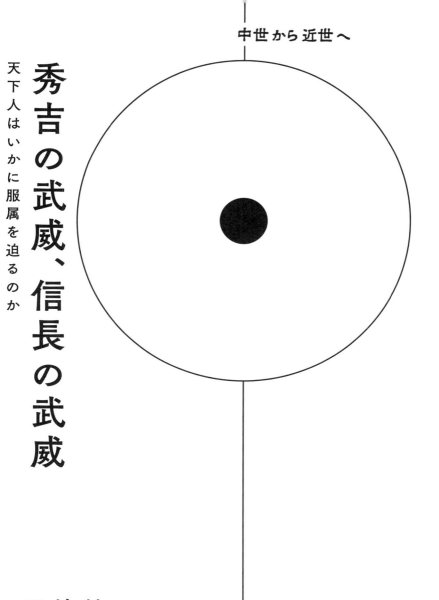

装幀　大原大次郎

秀吉の武威、信長の武威◉目次

第二章　秀吉の奥羽「惣無事」

史料出典一覧

＊本文中で一定の分量を引用する史料については、通し番号を付し、現代語訳のみを本文二字下げで掲出した。
＊読み下しは巻末の「史料編」に採録した。
＊本文中と「史料編」に引用したものを、略称の五十音順で示した。なお引用に際しては、所収史料集による文書番号を掲げ、漢文を読み下しにした。

『愛知』…………『愛知県史　資料編十一　織豊一』
『青森』…………『青森県史　資料編中世二　安藤氏・津軽氏関係資料』
『浅野』…………『大日本古文書　浅野家文書』
『茨城』…………『茨城県史料　中世編』
『上杉』…………『大日本古文書　上杉家文書』
『上井覚兼日記』…『大日本古記録　上井覚兼日記』
「遠藤山城」……白石市教育委員会編『白石市文化財調査報告書第四〇集　伊達氏重臣遠藤家文書・中島家文書』所収「関連史料」
『大友』…………田北学編『増補訂正編年大友史料』（私家版）
「小笠原系図」…東京大学史料編纂所採訪画像「（唐津市教育委員会所蔵）小笠原文書」所収
「兼見卿記」……『史料纂集　兼見卿記』
「木村」…………『伊達政宗言行録――木村宇右衛門覚書』（［小井川一九九七］）
『旧記』…………『鹿児島県史料　旧記雑録』
※引用した文書が後編二所収五〇四号ならば「『旧記』後二―五〇四」のように本文中で略記した。

『小早川』…………『大日本古文書　小早川家文書』
『相良』…………『大日本古文書　相良家文書』
『静岡』…………『静岡県史　資料編八　中世四』
『島津』…………『大日本古文書　島津家文書』
『白河』…………『白河市史　五　資料編二　古代・中世』
『信長公記』……奥野高広・岩沢愿彦校注『信長公記』角川日本古典文庫
『仙台』…………『仙台市史　資料編一〇　伊達政宗文書一』
『大日』…………『大日本史料』
※引用した史料を採録する条文が、『大日本史料　第十一編之十四』天正十三年三月十五日条ならば、「『大日』十一―一四、天正十三年三月十五日条」のように本文中で略記した。

『伊達』…………『大日本古文書　伊達家文書』
「多聞院」………『続史料大成　多聞院日記』
「言経卿記」……『大日本古記録　言経卿記』
「宣教卿記」……東京大学史料編纂所所蔵謄写本
『信長』…………奥野高広編『増訂　織田信長文書の研究』吉川弘文館
「晴豊公記」……『続史料大成　晴豊記』
『秀吉』…………名古屋市博物館編『豊臣秀吉文書集』吉川弘文館
『福島』…………『福島県史　第七巻　資料編二　古代・中世資料』
『毛利』…………『大日本古文書　毛利家文書』
「柳沢文書」……東京大学史料編纂所所蔵影写本
「蓮成院記録」……『続史料大成　多聞院日記五附録　蓮成院記録』

はじめに——みずからの権勢を、より高く語る天下人の「武威」

いつの時代もどんな場所でも、みずからの功績を称え自分の権威を誇示するのは、世の権力者の習いである。権力者が打ち立てた金字塔は、物質的なモニュメントであれ、観念的な叙事詩であれ、その権勢の様を同時代の人々と後世の人々に伝えていく装置となる。

本書で取り上げる日本の安土桃山時代、社会の頂点に立っていた織田信長や豊臣秀吉もまた、その例外ではなかった。彼らの権勢を誇示する仕掛けとして、多くの人が思い浮かべるのは、巨大な城郭ではないだろうか。なかでもその中心に聳《そび》え立つ天守閣は、煌《きら》びやかな金箔と派手な修飾をまとって人々の目を惹きつける。信長の安土城や秀吉の大坂城、いずれも歴史のなかで失われてしまったが、自身の存在感を見せつけるための高層建築であった。

ただ本書で目を向けるのは、残念ながら城でも天守閣でもなく、残された文字史料である。信長・秀吉は自分の権勢のほどをどのように語っていたのか、確実な同時代史料に基づいて読んでみようという試みである。同時代史料というと堅苦しいもので、表面的な通り一遍のことしか記されていない印象をお持ちかもしれない。けれども、彼らはそこで巨大城郭も顔負けの大言壮語を口にしているのだった。例として二つばかり、ご紹介したい。

A

陸奥の伊達氏とは頻繁に通信しており問題はない。北陸には先ごろ出馬し、一揆をすべて撫で斬りにして鎮圧し凱旋した。畿内では何も起きていない。本願寺は懇願してきたので赦免してやった。中国地方は私の分国となって、毛利氏らは当家の家人のようだ。九州は大友氏を始め連携している。このような日本諸国の情勢は周知の事実で、ついては関東が従えば、天下の平和な統治は確実なものとなる。

B

関東は北条氏まで、北陸は上杉氏まで、私に従っており思うがままだ。ついては毛利殿が服属してくれれば、私が日本の統治者となり、源頼朝以来の武家の棟梁となるだろう。

どちらも信長と秀吉の出した書状の要旨である。二人は大河ドラマなどでも親しまれる存在で、その履歴に詳しい方も多いと思うのだが、二通を一読しただけで書状を出した人物と年次を言い当てられるのは、よほど専門的な知識をお持ちの方として間違いないだろう。

それぞれの答えは、Aは信長が出した天正三年（一五七五）の書状（本書第四章参照）。Bは秀吉が出した天正十一年（一五八三）の書状である（同じく第一章参照）。天正三年の時点で信長は、長篠の戦いで勝利したとはいえ、地方の大名の服属を完全にした状態ではない。その信長が本能寺の変で命を落としてから一年もたたない天正十一年の時点で、秀吉の出した書状がBになる。こちらも賤《しず》ヶ《が》岳《たけ》の戦いを終えたばかり、まだ地方の大名は通交関係にあるだけで、とても「思うがまま」とは言えなかった。

未完成な状態でありながら、それがいかに強固で広範囲に及ぶものなのか、自身の権勢を高めて語っていく信長と秀吉。本書では彼らの誇る権勢を「武威《ぶい》」と呼ぶことにして、その内容を実際に検討してみよう。その際、近づきすぎると高さの感覚が分かりにくく、遠くから眺めたほうが建物の大きさを実感できる天守閣と同じように、あえて離れた場所に軸足を置いて客観的に読むようにしている。

開いた口がふさがらないような大袈裟な武威ではあるが、当時の政治情勢のなかで考えてみると、彼らが志向していたものを解き明かす手がかりになるようだ。おなじみの信長と秀吉が、それぞれどのような武威を語り、そして、どのような権力者になろうとしていたのか。史料を読みなおしていく作業に、しばらくお付き合いをいただければ幸いである。

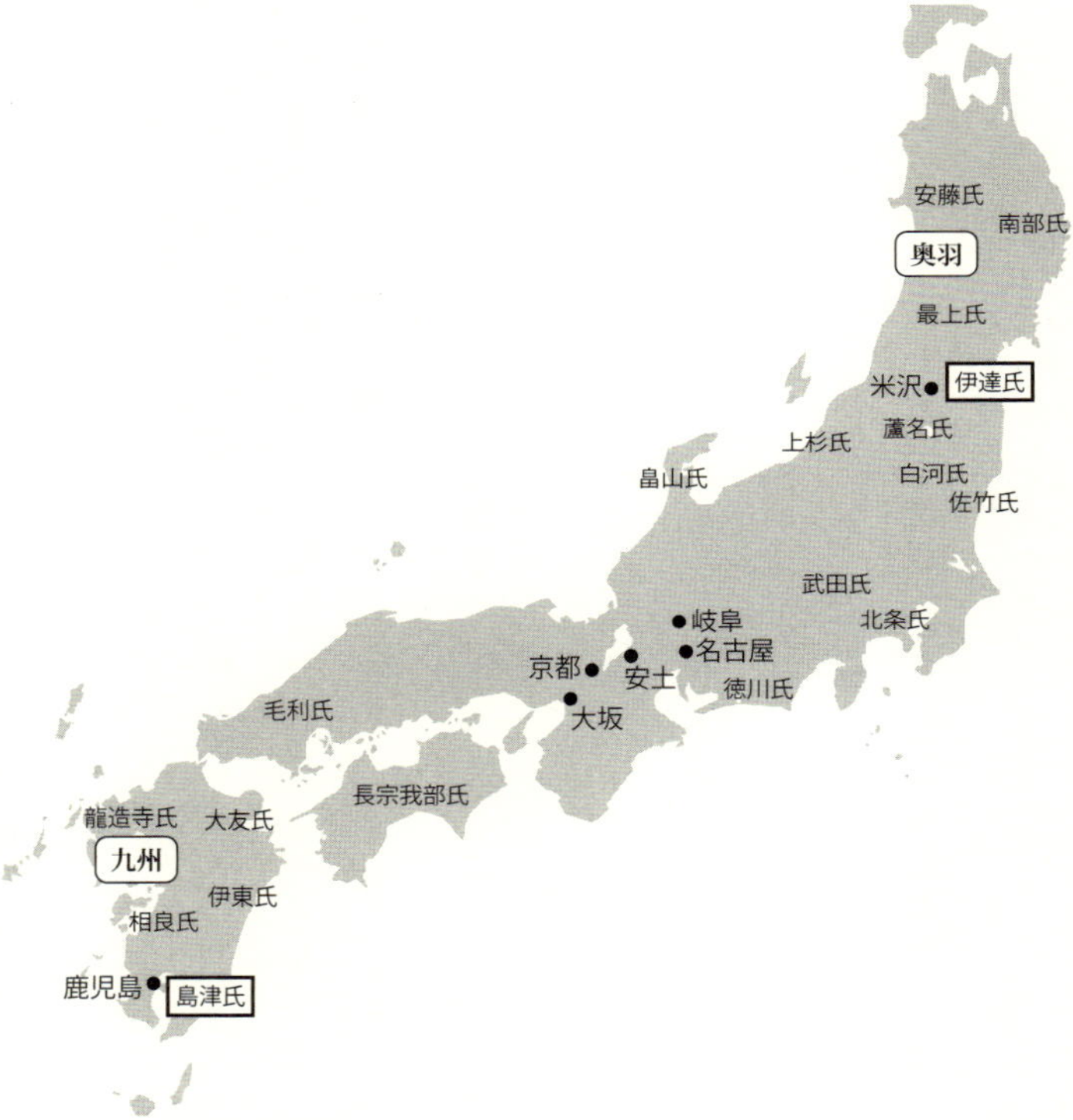

本書に登場するおもな大名

序章　「武威」から見える天下統一の実態

天下人と戦国大名

天正年間（一五七三〜九二）の日本は、長く続いてきた戦国の混乱が、ようやく鎮静化する気配を見せてきた時期にあたる。織田信長、そして豊臣秀吉という二人の天下人によって、列島を覆う新たな全国政権が作り上げられていく、いわゆる天下統一の時代を迎えていた。

もっとも、それは中央の動向である。なお依然として地方では、軍事的な地域権力者として台頭してきた戦国大名が鎬《しのぎ》を削っていた。日本列島が統合に向かおうとする一方で、分裂へと引き戻すエネルギーもまた、なかなか衰えようとはしないのである。そんな社会を統一するに際し、天下人は、まず各地の大名たちを自分に従属させることを目論んだ。いかに彼らを超越し、そして手なずけて従順に服属をさせるか。無理ならば軍事的に討滅することができるのか。それが天下人にとって大きな課題となるのである。

もちろん天下人の方が、軍事的にも経済的にも、大名より優位に立っていたのは事実である。その圧倒的な格差は、たとえば社会における序列で顕著になる。官職だと、大名クラスで一般的だった修理大夫《しゅりのだいぶ》や左京大夫《さきょうのだいぶ》などの位階は、せいぜい従四位下《じゅしいのげ》程度である。これに対し、織田信長が任じられた右大臣は正二位《しょうにい》に、豊臣秀吉の太政大臣に至っては正一位に相当し、大きな開きがあった。大名からすれば、天下人は遥か雲の上、仰ぎ見る対象なのである。だが、武家秩序において上位者であるというだけで、土地に根を下ろして戦争を続けている大名たちが従順に服属してくるわけではない。地域の戦争は地域の論理で展開しているのであり、たとえ中央の上位者であろうが、易々《やすやす》と従っていては周囲のライバルたちに領国を奪い取られかねない。表向きは上位者の顔を立てつつ、大名は自分のペースで、戦争を含めたさまざまな形の領国統治に注力しなければならないのである。

そんな大名の臣従を確かなものにするために、できることなら当事者と敵対する勢力との間で起きている紛争を停止し、地域を丸ごと服属へと持ち込めれば理想的ではある。ところが地域の紛争は、戦国の世で蓄積してきた複雑な利害関係が積み重なって、一朝一夕の解決は望みがたい。また、遠く離れた中央から地域の事情を丹念に探るには、さらなる時間が必要になる。大名たちに服属を促すというのは、簡単なようで相当に難しい仕事なのだ。

武威と遠国

そんな天下人と大名とのせめぎ合いが、この時期ならではの面白さである。新たな統一政権ができ上がっていく政治過程を考えるキィワードとして、本書では「武威」に注目したい。

いきなり武威という言葉を出しても、あまり馴染《なじ》みがないかもしれないので、あらためてその辞書的な意味を確認しておこう。

武力を行使して、人をつき従わせること。また、その圧倒的な力
(『時代別国語大辞典 室町時代編』)

注意したいのは、武威とは、軍事的な武力そのものとイコールではない点だ。武力だけでなく、武力を持つ者が他者の服属を募り、敷衍《ふえん》して及ぼすさまざまな影響力をも含む言葉である。これを時代背景のなかで解釈すれば、戦国大名の台頭も天下人による統一事業も、戦争で武力を行使するだけでなく、武威によって服属者を募り勢力を広げていくものである。

なかでも天下人は、いわば、その瞬間における日本最大の武威の保有者であった。それゆえに天下人は、自己の権威や正当性を語るに際して、軍事的な武力とその成果をベースにした武威の大きさを主張していく。武威のさらに面白いところは、合戦で大勝した直後は特に、希望的観測を含めて大げさに誇張されることだ。武威の大きさを語ること自体が、彼らにとって不可欠の政治的パフォーマンスなのである。それを、事実を無視した法螺《ほら》話と切り捨てるのは容易《たやす》い。だが、ここで述べられる言説は、新興の政治権力者が語った自己認識として、

権力の性格を考えるための重要な証言となるのではないだろうか。

しかも武威の虚構性は、遠く離れた人物の動向や、地域の情勢について、より誇張される傾向にある。現代とは比べものにならないほど悪い戦国時代の通信環境を逆手に取って、臆面もなく虚実を織り交ぜた内容になるためであるが、距離に応じて虚構性が増すとすれば、天下人の武威は、中央から離れた場所ほど大袈裟に語られるのが特徴であるともいえよう。

そこで九州と東北（当時は陸奥・出羽の二国で奥羽と呼ばれた）に注目したい。どちらも室町時代の政治中心であった京都からは「遠国《おんごく》」とされ、信長・秀吉ゆかりの尾張など東海地方とも境を接していない。そんな遠国だからこそ、遠くまで鳴り響かせようとした武威の言説を聞くには絶好の場所となる。また、語られている内容のフィクションとノンフィクションを聞き分けるには、当時の中央と遠国との実態的な関係を踏まえておく作業も必要になってくる。この遠国との関係性という点は、天下人とその政権が持つ特質を探るに際しても、一つのヒントを与えてくれるだろう。

本書のねらい①　曖昧な「惣無事令」の再考

そんな虚実に富んだ武威を考えていくからには、材料はなるべく確実なものを選ぶことにしよう。本書で基礎的な素材とするのは、天下人や大名たちの出した書状である。書状が持つ同時代史料としての価値もさることながら、書状に記された言説のなかの事実も虚構も、あるいはロジックまでもが、当時の政治を考える上で重要な素材となるためである。この書状を丁寧に読みなおし、部分ではなく全体での意味を押さえながら、解釈を進めていきたい。

こうした作業を積み重ねていくことで、本書では二つの課題へのアプローチを設定している。一つは、「惣無事令《そうぶじれい》」の再考である。かつて藤木久志氏が提起した「惣無事令」とは、豊臣秀吉が大名たちに対して、紛争の停止と領土に関する紛争を豊臣政権の裁定に委ねるよう命じたもので、政権の基本政策であったと見做す学説である。さらに藤木氏は、この「惣無事令」に加え、村落の自力による問題解決を禁じた喧嘩《けんか》停止令《ちょうじ》、百姓らの武装を禁じる刀《かたな》狩《がり》令、海上の不法行為を禁じた海賊停止令《かいぞくちょうじ》などと合わせ、これらを豊臣政権が社会全体を平和な状態へと移行させるために出した「豊臣平和令」であるとした（[藤木一九八五]）。戦国の社会全体を広く見渡し、のちの江戸時代の平和的な社会構造への転換点として豊臣政権期を位置づけたものとして、「惣無事令」という言葉は高校日本史の教科書にも登場する地位を獲得し、「豊臣平和令」論は研究者たちに大きな衝撃と影響を与えたのであった。

いまここで雄大な「平和令」構想の全体を検証する余裕はないが、「惣無事令」についてはは批判的な検証が進められており（[藤井二〇一〇][竹井二〇一二]ほか）、やはり慎重な見方が必要であるように思われる。たとえば、「惣無事令」の根幹をなす紛争停止命令と、それに続く調停は、秀吉だけでなく信長も、それ以前には室町幕府の将軍も行っている。それらに共通するのは、ともすれば儀礼的な通交に止まりがちだった中央と地方の関係において、紛争調停という明確なテーマを掲げることで、中央が地方の情勢に強く介入していくという点である。ただ、介入によって濃密な関係を構築できるメリットがある反面で、調停が失敗すれば、上位にある為政者の体面が傷つけられるリスクをともなう。こうしたリスクを覚悟の上で戦争の停止を命じているとすれば、そこで成果が得られた場合、自身の武威を高揚させるものとして、より声高に主張されたはずであろう。

ところが、秀吉の書状を読んでみても、藤木氏のいう「惣無事令」をストレートに示すような記述はない。これをどう考えるべきなのか。秀吉の武威と大名を従わせていく過程とを読み直しながら、藤木氏が「惣無事令」と理解したものの実像を、あらためて検証していきたい。

本書のねらい②　信長はどこまで達成したのか

そしてもう一つ、基礎となる史料を読みなおしながら考えてみたいのが、織田信長の到達点である。近年の研究状況は、さきほどの「惣無事令」に批判が集まる一方で、その前段階としての信長の統一に関心が集まっている。これまでは統一政権としては未完成なものと評価されてきた信長に対して、じつは、より統合が進んだ状態にあったのではないかとする指摘が相次いでいるのである〔竹井二〇一二〕ほか)。

この点は、やはり信長の遠国に対する政策の全容を見通しながら、あらためて考えていくべきであろう。信長というと、畿内を中心とした戦争に明け暮れたイメージが強く、反面、遠国への対応は十分に整理・言及されないことが多いのだが、では実態はどうだったのだろうか。遠く離れた大名たちが、信長をどのように見ていたのかを探り、両者の関係性を浮かび上がらせていく作業から始める必要がある。

そして信長もまた、諸氏を従わせていこうと遠国に対して武威を発信していた。これが秀吉の武威とどのような共通点・相違点を持つのか。二人の天下人が発した武威に耳を傾けてみると、一聴しただけでは似通っているかのように思える両者の言葉にも、微妙な違いがあることに気がつくはずである。その違いは、二人の個性ともいえるが、それぞれの置かれた政治的な環境の差異を示しているとも考えられる。それぞれの境遇のなかで他者の服属を募ろうと語り続けた武威を、遠国から聞き比べることで、この時期特有の、政治の言葉が持っている内実を考えていくことにしたい。

本書は、天下人の武威を切り口として、天下統一に向けて日本中が揺れ動いた約二十年間を遠国から考えてみる試みである。では早速、秀吉の九州政策から見ていくことにしよう。

第一章　秀吉の九州「停戦令」

秀吉、天下人への道

織田信長・豊臣秀吉の知名度からすればプロフィルをご存知の方も多いとは思うのだが、念のため簡単に紹介しておこう。もともと織田信長は尾張の一大名、その頃の秀吉は彼を主君として仕えていた家臣にすぎなかった。信長が尾張から美濃・伊勢へと勢力圏を広げ、上洛して天下人への道を進むのに合わせて、急激に拡大発展する織田家中において秀吉もまた出世を続けていった。

しかし天正十年（一五八二）六月、明智光秀の謀反によって信長が命を落とす（本能寺の変）。この時、備中高松城で毛利氏の軍勢と対陣していた秀吉は、すぐに山陽道を取って返し、京都近郊の山崎で明智軍に決戦を挑み、大勝する。

以後、信長の子息らを中心とした織田体制のもとで、秀吉の発言権は増していった。その様子が、九月二十日付けで出羽の安藤愛季《あんどうちかすえ》に出した書状から分かる（「秋田家史料」『秀吉』四九一）。「信長不慮」から書き起こし、高松城水攻めの戦勝と毛利氏からの「懇望」により「和睦」したことを得意げに記しつつ、山崎の戦いで打ち破った光秀を「はつつけ（磔）」にして「京都ニさらし置」いたとする。織田家の体制も「城介殿御若子（信長嫡男信忠の子三法師）」を盛り立てつつ、信長の二男信雄《のぶかつ》を尾張に、三男信孝を美濃に置き、秀吉自身は「山崎ニ居城」を普請して「畿内静謐《せいひつ》」が実現しているとするだけでなく、しかも来年には東国出兵を計画していると明かし、「信長不慮」を乗り越えた織田家の支配体制に揺るぎがないことを伝えている。ここでは秀吉の武功が強調されており、たとえば実際に落ち延びようとした明智光秀を討ち取ったのは近在の百姓とされるが、そうした都合の悪いことには目をつぶり、自身の戦果を誇張して表現するのである。すでに天正十年九月の時点で、秀吉が「畿内静謐」を口にしている点に興味を惹かれるが、ここでの「静謐」は第六章で検討する信長の「静謐」（戦争がない平和な状態）と同じ意味と解釈してよさそうだ。

豊臣秀吉像（東京大学史料編纂所所蔵摸写）

まもなく織田家内部から不協和音が聞こえ始め、翌年四月に賤ヶ岳の戦いが勃発する。反秀吉の兵を挙げた柴田勝家と織田信孝・滝川一益《たきがわかずます》らの戦いで、秀吉の語るところによれば、賤ヶ岳で柴田勢を破ると「息をもつかせす」勝家居城の北庄《きたのしょう》に乗り込み、「日本之治」はこの時にかかっているとの覚悟から勝家の首を刎《は》ね、さらに、その勢いのまま加賀金沢まで兵を進め、秀吉の「太刀風に驚」いた加賀・能登・越中など諸国を平定し、人質を出してきた上杉景勝《うえすぎかげかつ》を「赦免」したとする（「大友家文書録」『秀吉』七二三）。この時、まだ景勝は独立的な大名で秀吉への臣従を明確にしたわけではないにもかかわらず、その姿は服属者として語られている。秀吉の戦果を報告しながら、あわせて武威を誇張しているのだ。それらのフィクションを交えるなかで、秀吉が「日本之治」を担うとの意識を表明していることに驚かされる。賤ヶ岳での圧勝が、秀吉の天下人としての自信につながったのであろう。また秀吉は次のようにも述べている。

関東は北条氏まで、北陸は上杉氏まで、私に従っており思うがままだ。ついては毛利殿が服属してくれれば、私が日本の統治者となり、源頼朝以来の武家の棟梁となるだろう。

【史料1】（天正十一年）五月十五日付け小早川隆景宛て羽柴秀吉書状）

自分は頼朝以来の武家の棟梁となる。そのためには地方の有力大名を服属させていく。それが、秀吉の思い描いた統治の青写真なのであった。

秀吉と九州の大友氏

秀吉が、九州で最初に通交した大名は大友氏であった。天正十一年五月、大友氏側から「信長御時」と同じく「御入魂《ごじっこん》」を願ってくると、秀吉も以後「疎略」に扱うことはしないと応じている。第五章で後述するように大友氏は早くから信長に通じており、一見すると不自然ではないのだが、その大友氏が山崎の戦いから約一年も経って秀吉に初めて音信を送ったというのは少し気にかかる。権力の帰趨《きすう》を見極めて、秀吉有利となったタイミングでコンタクトを取ったのであろうか。

大友氏の判断を裏切ることなく、秀吉は順調に天下人としての階段を登っていった。賤ヶ岳の翌年には、織田信雄・徳川家康らの軍勢と争うも、どうにか秀吉に優位な形で終息させることができた（小牧・長久手の戦い）。戦争の合間に秀吉は巧みに朝廷に接近し、信雄に講和をのませた天正十二年（一五八四）十一月には従三位《じゅさんみ》・権大納言《ごんのだいなごん》に、さらに翌年春には正二位・内大臣となった。秀吉は信雄を越える官職を与えられ、朝廷からも、信長の後継の天下人であると承認されたのである。しかも同年の七月には、公家の近衛家と二条家との相論に介入し、関白職を獲得してしまった。秀吉は日本史上初めて、武家出身の関白となったの

大友宗麟像（瑞峯院蔵、東京大学史料編纂所所蔵摸写）

である。まもなく新たに豊臣姓を賜った秀吉は、弱点だった出自問題を官職と天皇権威で覆い隠すことに成功し、彼を頂点とする政治体制は、権威を付与する天皇・朝廷を含むものとして構築されていく。

内大臣就任から間もなく、秀吉は大友氏に松井《まつい》友《ゆう》閑《かん》を介して、秘蔵の「天下の名物」である茶入れを献上するように指示した（『大日』十一―一四、三月十五日条）。松井友閑はかつて信長の側近で堺代官を務めた人物で、信長期から大友氏の間の取次役《とりつぎやく》でもあった。秀吉政権下でも引きつづき堺を統括した友閑は、取次役も継承したのであろう。まもなく大友氏から茶入れが献上され、ついで同年九月には、おそらくは関白就任の祝儀として名刀骨啄《ほねはみ》が贈られている（『大日』十一―二〇、九月二十七日条）。秀吉の所望するままに秘蔵の名品が吸い上げられており、それほどまでに誠意を尽くして、大友氏は天下人の関心を繋ぎとめようと腐心していたのだ。九州のなかでいち早く、秀吉に臣従する道を走り始めていたのである。

九州停戦令を出す

内大臣、関白へと昇進を重ねた天正十三年（一五八五）は多忙を極めた年で、秀吉は三月に紀伊を攻め、七月には軍勢を送って四国の長宗我部元親《ちょうそかべもとちか》も服属させた。さらに八月には北陸の越中まで佐々成政《さっさなりまさ》を従わせるために遠征しているが、これを大友氏には、北陸諸国の「置目」すなわち仕置《しお》き（征服地での支配体制構築）を目的とし、「関東北陸」に至るまで対戦相手が姿を消したので帰陣したと説明している（「大友文書」『秀吉』一六二八）。これもまた、越中に上杉景勝が参陣し、秀吉への臣従を一段進めたことを、「関東北陸」を従わせたと誇張しているにすぎず、関東の雄である北条氏、北条氏と同盟している徳川家康などは、いまだ完全に秀吉に従っていない。ただそれでも秀吉の勢力圏拡大は否定しがたく、従っていない諸氏は、九州と関東・東北など遠隔地を残すだけとなっていた。

その九州に向けて、同年十月に突然、秀吉は停戦命令を出した。

正親町《おおぎまち》天皇の仰せにより書き送る。関東のみならず陸奥の果てまで、天下を静謐とするようにとの天皇からの命令である。ところが九州だけは紛争が続いており、けしからんことなので、領国の境界領域に関する紛争は、互いの言い分を聞き、あらためて裁定を下すつもりである。まずは敵・味方ともに紛争を停止するようにとの天皇のご意思であるので、十分に弁えるように。もしこの命令に反するようなことがあれば急ぎ成敗の対象となる。よくよく承知の上で、返答に及ぶように。

(【史料2】〔天正十三年〕十月二日付け島津義久宛て豊臣秀吉書状)

関白秀吉は、天皇の名を前面に掲げ正当性の根幹とし、さらには陸奥の果てまで「静謐」にするのが自身の職務であるとする。この「静謐」とは、争いのない静かに落ち着いた平和な状態というだけでなく、天皇の命令に基づくものであることから、社会的に守るべき秩序が遵守される状態になることをも含意していると考えられる。九州に停戦を命じ、係争案件が残るようならば秀吉自身が領土問題を裁定する(国分《くにわ》け)と宣言して、九州をも「静謐」なる社会に包摂し、あるべき秩序を回復しようとしたのだった。

この停戦令に始まる一連の流れを、藤木久志氏は「惣無事令」と評価した。藤木氏の説明によれば、それは「豊臣政権の九州統一は停戦令から国分令へ平和政策を基調として展開され、それに併行する軍事動員はあくまでも平和令実現をめざす強制執行の態勢であり、その後の戦争は平和侵害の制裁と平和の回復のために行なわれた」(〔藤木一九八五〕三五頁)ものであった。大名領の裁定を目指す政権が平和的に推し進めた九州政策なのであり、秀吉が発した停戦令・国分令とが、二つあいまって「惣無事令」を構成するという。

政権の根幹に関わる問題なので、この解釈の妥当性を考えてみよう。以下、その後に出された藤木説への批判についても、関連する部分を紹介しながら検証していきたい。

事務レベルからの停戦令通達

カギになるのは、秀吉の停戦令の本質を、藤木氏のように「領土裁判権の行使」に求められるかどうかである。停戦令を全体で読めば、短文ながらその主眼は大友氏と島津氏の「停戦」への移行にあり、「国分令」とされた境界領域への裁定はそれを促すための付随的な条項とするのが自然である。この点を、停戦令と同日付けで出された副状《そえじょう》から確認してみよう。これは秀吉に仕えていた細川藤孝と千利休が、島津義久の老中である伊集院忠棟に宛てたものので、秀吉停戦令が簡略な表現にとどまっている欠を補い、秀吉の意向（「関白殿御内証」）をより詳しく記している。ます、その前段を示そう。

近年、秀吉様は都でも地方でも反乱を鎮圧し、ほぼ静謐にすることができた。朝廷への崇敬も熱心に取り組み、そのため天皇は内大臣に任じ、関白職も授けた。ついては諸国の支配を、天皇の意に沿って確立し、南も北も東も西も秀吉様の威令に服している。

（【史料3】〔天正十三年〕十月二日付け伊集院忠棟宛て細川藤孝・千利休連署状）

ここでは、秀吉が天下人となった経緯と現状を記す。秀吉の武威により静謐が実現し、内大臣・関白職を獲得し、天皇の意をもとに日本の東西南北を支配しているとして、政権側が用意していた秀吉の正当性を開陳している。戦乱の鎮圧・社会の静謐・朝廷への崇敬が同じ範疇にまとめられ、秀吉が官職を獲得する前提となった。この前提をもとに、つづく後段は秀吉の九州の調停に介入する基本方針を記す。

九州では、今も大友と島津とのたがいの遺恨が消えず、各地で争論になっていると聞き及んでいる。ついてはまず万事をなげうち、天皇の命に従って、和睦し協調されたい。それが実現した折には、国々の境目《さかいめ》は状況や道理を踏まえた裁判を行う用意があるとの旨を記した秀吉様の御書が発給された。もし承諾されなければ、急ぎ兵を出すとの御所存である。もちろんのことながら、御分別されるのが重要でありましょう。先年義久様が秀吉様にコンタクトを取りたいと（利休・藤孝に）仰せられたので、まず内々の御心

象を書状でお伝えいたします。御返信をお待ちしております。（前掲【史料3】）

いまいちど秀吉の停戦令と副状を見比べてみよう。停戦令は短文のため文の切れ目が分かりにくいが、副状では傍線部にあるように大友・島津間の和睦が「天皇の命（綸命）」の主題であることは動かしがたい。やはり両者の停戦が、「綸命」の主眼、つまりは豊臣政権の第一義的な要求であり、「裁判」は停戦に応じた場合の、大友・島津氏の不安要素を取り除くため担保した文言にすぎないのである。九州停戦令の主題とは、大友・島津間の和睦調停にあったことになる。

しかし藤木氏は、「裁判」こそが「副状の核心」と踏み込み、「ねらいが九州戦国大名を平和のうちに自らの裁判権の下に包摂することにあった」と読む（［藤木一九八五］一八頁）。これは豊臣政権が提示した「平和」的な部分を切り取り、そこだけを重視する読みであって、史料の解釈としてバランスを欠いている感は否めないだろう。

なぜこのタイミングに出されたのか

九州停戦令の本質に迫るためには、時期の検討も忘れてはならない。なぜ豊臣政権は、天正十三年十月二日というタイミングで、九州に停戦令を命じたのか。これまでは大友氏からの救援要請とされるだけで十分に言及されていないので、あらためて整理しておこう。

豊臣政権に九州での争乱状況を伝えたのは、通説のいうように秀吉と親密だった大友氏だった可能性が高い。大友氏が秀吉への依存を強めたのは、自家の衰勢を止められなかったからである。第五章に見るように、かつて九州では群を抜いた大大名であった大友氏も、西日本の政治情勢の変動に煽られて斜陽を迎え、その間隙を縫って台頭した北部九州の龍造寺隆信、南九州の島津義久らと三者鼎立の状況となった。天正九年に島津氏とは和睦し衝突を回避できていたが、それも天正十二年、龍造寺隆信が島津勢との戦争中に敗死し潮目が変わった。翌天正十三年、龍造寺政家（隆信嫡男）を幕下に従えた島津氏は北部九州までを侵攻対象とし、反大友氏側の中小領主たちの盟主的存在となるのである。反大友氏派と親大友氏派との抗争が激化していくなかで、タイミングの悪いことに屋台骨として大友宗麟《そうりん》・義統《よしむね》父子を支えてきた戸次道雪《べつきどうせつ》が陣中で病に倒れ、天正十三年九月十一日に没してしまった。結果、反大友氏派はますます勢いづき、島津氏も北部九州への野心を隠そうとしなかったため、情勢は流動化した。

同年八月下旬ごろに秀吉へと派遣した使節を通じて、大友氏は窮状を切々と訴えたのであろう。九月二十七日、大坂で大友氏に返書をしたためた秀吉は、まもなく十月一日には上京し、翌日に停戦令を発したのだった。京都で停戦令を発したのは天皇の命令を奉じた形式に合わせた意味もあろうが、第五章で見る信長の時期に、大友―島津間の和睦調停を仲介した経験を持つ近衛《このえ》前久《さきひさ》の助言を仰ぐためでもあったのだろう。

さて、停戦令に対する大友氏の返答は、秀吉が送った返書のなかから推測できる。

十一月十一日付けの義統の書状は、この十二月七日に大坂で読みました。それによると、義統らが筑後表へ出陣中、以前に織田信長の下知で成就した大友―島津間の和睦を破り、島津勢が大友分国内へ乱入してきたとのこと、どうしようもないことです。大友方の諸氏が動揺し、義統の身上にも影響が及びかねないので、秀吉配下の四国・西国の武将に戦況確認のため出陣を命じようとしたところ、島津勢が撤退したため、それには及びませんでした。

（【史料4】〔天正十三年〕十二月七日付け大友義統宛て豊臣秀吉書状写）

大友氏と秀吉の間の通信には、片道で約一ヶ月を要する場合もあったが、両者はこまめに連絡を取りあっていた。十一月十一日に大友義統が送った停戦令への返答では、信長期に仲介された大友―島津間の和睦を前提として、島津氏側の「乱入」を和睦違反として報告したにとどまる。ひとまず大友氏としては、信長期の和睦状態の維持が懸案となっているのである。ここからは、大友氏の依頼によって出された秀吉の停戦令もまた、天皇の存在を前面に出した新規の発令であるように見せかけつつ、実態は、大友—島津間の和睦状態の確認にすぎなかったものと解釈できるのではないか。

また秀吉は、停戦令と同時に、豊臣の軍勢派遣を画策していた。今回は島津勢が筑後から撤退したため見送られたものの、軍事的な威圧によって、大友氏の窮状を打開する方針であったことは疑いない。ひとまず停戦令と軍事介入をちらつかせて、島津氏の撤退を促し、信長期の和睦状態を維持させる。これが当時の政権が想定していた九州政策ではないだろうか。だとすれば停戦令は、応急処置的に切られたカードの一つにすぎないと位置づけるのが穏当なところだろう。

大友氏を不安にさせるもう一人の当事者

窮状を訴えてきた大友氏を、秀吉はひたすらに守ろうとしているかのように見えるのだが、この十二月七日付け秀吉書状には続きがある。

ついては義統と毛利輝元の関係が修復するように、宮木宗賦《そうふ》・安国寺恵瓊《あんこくじえけい》をすぐに派遣するので、小競り合いを停止し、和睦するように。和睦成就の暁には島津のもとへも急ぎ使者を派遣するつもりである。その返事によっては、四国・西国の武将や毛利輝元、そのほか豊臣秀長をはじめ、残さず豊臣軍の先鋒として送り込み、秀吉自身は見物のため関門海峡まで動座することになろう。これまでの度々の音信もあるので、八幡大菩薩に誓って、大友宗麟・義統父子を見捨てることはしない。　（前掲【史料4】）

毛利輝元像（東京大学史料編纂所所蔵摸写）

藤木氏はこの部分を「もっぱら大友方に肩入れしている」とし、島津氏の返答次第としながら軍事態勢を取るのは「停戦令を貫徹させるための強制を目的としたもの」と理解する（［藤木一九八五］二六頁）。だがこの解釈では、「八幡大菩薩に誓って、大友宗麟・義統父子を見捨てることはしない」とまで誓約した秀吉の真意を半分しか汲み取れていない。というのも、ここでの主題は明らかに毛利輝元と大友氏との和睦調停にあるためである。この時点で秀吉は、まず毛利―大友の協力関係を構築させ、その上で島津氏の返答を待つ算段だった。
しかし毛利氏と大友氏の間には、一朝一夕に解決できない怨恨がある。第五章で見るように、これまで両者は激しい衝突を続けており、秀吉が天下人になってからも、毛利輝元は大友氏攻略の宿願を持ち続けていた。天正十二年には、秀吉との領土交渉（中国国分け）を行う一方で、島津氏へと使者を送り、今後も足利義昭のもとで毛利―島津間の連携を維持するよう画策していたのである。連携の目的はもちろん、大友氏の挟撃である。年が明けた天正十三年、北部九州の混乱が大友氏本国である豊後国内にまで飛び火すると、ここぞとばかりに輝元は一手を打った。

【史料5】〔天正十三年〕十一月十日付け柳沢元政宛て毛利輝元書状〔影写本〕

急ぎお願いいたします。去年（柳沢元政が）薩摩に赴いて調略していただいた首尾により、大友家中では内部対立から紛争が生じ、大友家は滅亡寸前の体となりました。これを受け、豊前・筑前で毛利方に同調している者と連携し、軍勢を出すつもりです。その時は、島津氏との協力が不可欠です。この状況を島津氏と談合したく、寒天の季節に遠路の使者をお願いするのは恐縮ですが、どうか御下向いただけないでしょうか。上手く進めば、輝元自身もすみやかに出陣するつもりです。

毛利輝元が、足利義昭の側近である柳沢元政に宛てた書状であり、島津氏のもとへ下向する使者の役目を引き受けてくれるよう依頼している。わざわざ柳沢元政に懇願したのは、前年と同じく、今回の毛利―島津の連携も義昭の意に沿ったものであると演出するためであろう。

毛利輝元の野望

ここで重要なのは、輝元書状の天正十三年の十一月十日という時期である。秀吉の九州停戦令が出されたのが同年十月二日。既述のように大友氏のもとには十一月初旬には届けられていた可能性が高く、より近い毛利氏のもとには、それ以前に通達されていなければならない。つまり輝元は、停戦令を承知の上で、大友氏攻撃を画策していたのである。

九州停戦令に毛利輝元が大きく関与していることは、これまでの研究でも注意されてきた。停戦令の翌年前半の九州国分け計画に際し大友・島津・毛利の三氏が「当事者」とされたこと（［藤木一九八五］）、同年後半の九州への豊臣勢出陣の軍事行動において毛利氏が主軸を担ったこと（［藤田二〇〇一］）など、秀吉の九州政策の過程で毛利輝元がキーパーソンであったことは間違いない。これ以前から天正十二年末の時点で足利義昭を前面に立てた大友氏「御退治」計画を立てるなど、毛利氏の大友氏に対する対抗心の指摘もあった（［尾下二〇一〇］）。

しかしながら本書状を用いて、九州停戦令が出された直後に、輝元自身が大友氏を攻撃しようとしていた事実は、残念ながら見過ごされてきた。毛利輝元といえば、本能寺の変後から秀吉と同盟関係にあったためか、従順な豊臣大名への道を先行していたかのようなイメージがあるが、秀吉との領土交渉（中国国分け）がまとまったのは、この天正十三年二月のことで、輝元自身の上洛は三年後まで持ち越されたように、秀吉への臣従過程は緩やかに進むのである（［跡部二〇〇六］）。十三年冬の段階では、依然として島津氏と取り交わした大友氏挟撃計画が生き続けており、輝元は北部九州の流動化を大友氏「滅亡寸前」の好機と捉え、それまでと変わらぬ戦国大名の論理で「自身出張」の意欲をたぎらせていた。九州停戦令を藤木氏は「九州全域を視野に入れた広域的な停戦令であった」と評価するが（［藤木一九八五］一八頁）、島津氏よりも先に豊臣大名化への道を歩んでいたはずの毛利氏が、なお停戦に反する動きを見せている事実は、藤木氏の理解に根本的な疑問を投げかける。

輝元が出陣を練った背景には、「豊前・筑前で毛利方に同調している者」すなわち北部九州の中小領主で毛利氏を頼りにする者たちへの体面もあったのであろう。北部九州の反大友氏勢力には、前年までの島津氏・毛利氏の連携を受けて、双方を頼むものがあった。こうした動きは、大友氏から秀吉のもとへ逐一報告されていたと見るべきである。天正十三年冬に秀吉が準備していた、大友氏救援を名目とした四国・西国の豊臣勢派遣計画には、島津氏だけでなく、毛利氏と北部九州諸氏との連携を牽制する目的もあったと考えるのが自然であろう。

ところが、まもなく秀吉は方針を変更した。北部九州の紛争が一時鎮静化し、豊臣勢の派遣が見送られたことと、十二月になって毛利氏側から小早川隆景《こばやかわたかかげ》と吉川元長《きつかわもとなが》が上洛し、秀吉への拝謁が実現したこととが関係しているのだろう。隆景・元長という輝元を支えた二人の出仕によって、毛利氏の臣従が進み、秀吉は一段と強い要求を突きつけることが可能となったのである。輝元と秀吉との接近は、しかし大友氏には微妙な影を落とす。秀吉が毛利氏を重視すれば、これまで九州大名のなかでもっとも親秀吉だった大友氏の優位性は揺らぎかねない。そこに配慮して、わざわざ秀吉は【史料4】で大友父子を「見捨てることはしない」、つまりは毛利氏だけを優遇することはないと書かざるをえなかったのである。

このように九州停戦令の内実は、大友氏からの情報に基づいて、まず大友―島津間の和睦調停として出され（天正十三年十月）、まもなく、毛利―大友間の和睦調停を先行するように変更された（同年十二月）。これを、当初から九州全域を対象とした広域の「惣無事令」（大名らの私戦の停止令）だったとは言いがたい。

島津氏は停戦令にどう対応したか

では次に、島津氏側の状況を確認しておこう。従来「島津氏の秀吉への対応はきわめて緩慢であった」（［藤田二〇〇二］一〇〇頁）とされているが、これも史料を丁寧に見ていくと、大友氏ほどの密度はないにしろ、決して淡白なものではなかったことは明らかである。

たとえば、九州停戦令と同時に出された千利休・細川藤孝副状（前掲【史料3】）のなかで、「先年義久様が秀吉様にコンタクトを取りたいと仰せられた」とあるのは、島津義久と豊臣政権要人との通交が天正十二年までには始められていた証拠となる。細川藤孝はかつて、義久と足利義昭との間を仲介した経験があり、島津氏にとっては近衛家と並ぶ中央とのパイプ役の一つであった。

政権要人との間に作られたコネクションを踏まえて、秀吉は翌十三年三月、大友氏に茶入れを求めたついでに島津氏にも書状を送り、鷹の献上を命じた（『大日』十一—一四、同年三月十五日条）。当時秀吉は内大臣に任命された直後で、その書状は安国寺恵瓊が「粗忽《そこつ》」と断るほど尊大なものだったらしい。この書状は同年夏（四月〜六月）のうちに島津氏のもとに届いたものの、第五章で見るように慎重な義久はすぐに対応せず、十月を過ぎてから使節派遣が検討されはじめる（『大日』十一―二二、同年十月二十日条ほか）。十月まで持ち越されたのは、秀吉の四国攻めと戦後処理を見届けた上で、返礼が避けられない課題であると痛感したのであろう。

検討課題となりつつも派遣は先送りされ、十一月になり鷹を進上する書状を作成しているが（後述）、実際の出立は十二月までずれ込んだようだ。十二月十三日、義久は千利休に宛てて書状を送り、「使節」の執り成しを依頼している。興味深いのは、この同日付で毛利輝元にも書状を送り、「京勢（豊臣勢）」の九州派兵の真偽を確かめるとともに、義久としては大友氏との和睦をなお保っていると強調していることだ（以上、『大日』十一―二四、同年十二月十三日条）。「京勢」派兵の動きとは、既述の、大友氏救援と毛利氏牽制を企図した豊臣勢の派遣計画であろう。軍勢派遣の報を聞き、義久は慌てて書状を出したのである。しかもこの十二月までに九州停戦令が義久のもとに届いていたと考えられ、詳しい到着時期は不明なものの、利休や輝元への書状は停戦令に対する緊急処置として打たれた対策だった可能性がある。

その停戦令が島津家中に披露され衆議にかけられたのは、年が明けた天正十四年（一五八六）、それも一月下旬である。家中では、「由来なき仁」から成り上がった関白に相応の礼儀を尽くす返書を送るなど「笑止」という、秀吉へのアレルギーにも似た拒否反応を示しながら、ようやく決定したところは、細川藤孝と千利休宛てに次のような返書を送ることだった。

天下を一統され静謐にされた関白秀吉様の指示で、九州の戦争を停止するように、わざわざ天皇からの綸言が出されたとのこと、私としても勅命に従う所存です。これについては、先年信長公のお考えに基づき、近衛前久様が執り成しをされた大友―島津の和睦が成就して以来、島津側からは少しも改変しておりません。ところが大友氏はたびたび和睦を破るような企てをし、それでもこちらはひらすら筋目を守り、今まで戦争をしておりません。そこに最近になって大友氏が、肥後の国境に向かい数ヶ所の城郭を攻撃しました。このように今後も攻勢をかけられては、この先、こちらが自重し続けるかどうかは不透明で、ひいては防戦に及ばなければならないかもしれません。和睦を改変する原因を作っているのは島津側ではありません。この旨を踏まえ、(秀吉による大友氏救援という一方的な肩入れは) 御用捨いただけますよう、秀吉様に御披露ください。

【史料6】(天正十四年) 正月十一日付け細川藤孝宛て島津義久書状案)

義久は、大友氏との和睦をなお維持していると強調し、停戦を命じる「綸言」への回答としたのである。和睦を堅持しているというのは、義久の一貫した主張であった。しかしこれを藤木氏は、秀吉の指令が「停戦令としてのみ受諾され」、国分けの裁判という「指令の核心はたくみに逸らされてしまった」と捉えるのだが（［藤木一九八五］二二頁）、そもそも停戦令は、信長期の和睦を維持し、島津―大友間の停戦を主眼とするものであった。島津氏もこれに従い、必要な部分に対する返答を作成したにすぎない。藤木説は「指令の核心」を国分けの裁判に置こうとするあまり、返書でも無理な解釈を重ねていることになる。

臣従していた島津義久

それはともかく、こうして島津側の方針が定まり、島津家からは鎌田政弘が使節となって上方に向かった。政弘は大坂城で秀吉への拝謁を果たすのだが、次に掲げるのは、これに関して秀吉から出された、島津義久宛ての返書である。

去年十一月の島津義久からの書状が、いま到着して読んだ。そもそも天下の事は、ついに関東に至るまで秀吉の指揮下に入り、とりわけ（社会を静謐にせよとの）綸命に基づいて政務を進めているところである。さて遠隔の島津義久が速やかに使者を派遣し、今後真摯に秀吉への忠功に励むとのこと、まずは殊勝な心がけである。秀吉としても異存はない。また、鷹二居（弟兄）を届けられたことは大変うれしく思う。大切にしよう。詳しくは細川藤孝から申し伝える。

（【史料7】〔天正十四年〕三月十五日付け島津義久宛て豊臣秀吉書状写）

この書状は藤木氏も含め、これまでの九州停戦令をめぐる研究では注意されていなかったが、近年刊行された『豊臣秀吉文書集』により天正十四年のものと比定され、私見でもこの比定は妥当なものと考えている。この書状から読み取れることを確認しておこう。

これは天正十三年十一月に島津義久から出された書状に対して、秀吉が出した返信にあたる。つまり、すでに十一月の段階で、義久は秀吉に公式に「忠功」を誓った上で、鷹を贈っているのである。島津領国のうち日向は鷹の名産地として知られ、同年三月に秀吉は、内大臣就任に合わせて、鷹の献上を求めていた。鷹狩からも明らかなように、武将たちにとって鷹は一種の武具であり、優れた鷹を数多く保有することが武人の権勢の証しでもあった。それゆえに鷹の献上は、上下関係に入り、主従関係を結ぶことを意味してもいる（［岡崎二〇〇九］）。つまりこの時点で島津義久の秀吉に対する臣従は、一段と進んだといえよう。

ついで、この義久書状が秀吉のもとに届いた時期を考えたい。秀吉返書の三月十五日という日付は、停戦令返答の使節として上洛した鎌田政弘が、秀吉と対面した時期と推定される三月中旬（［藤木一九八五］）と重なり、対面の場で同席していた細川藤孝（［尾下二〇一〇］）が、文中で取次役となっていることからも、これが鎌田に対する返書である蓋然性は高まる。ただ一方で、秀吉返書のなかで具体的に停戦令の内容に言及していないことも気にかかる。十一月付けの義久書状と鷹を携えて前年十二月に島津領を出立した使節が、一月下旬に島津領を出立した鎌田と、三月になって合流した可能性も排除できないであろう。十一月付けの義久書状と、停戦令関連の正月十一日付けの義久書状（前掲【史料6】）、それぞれに対応させて返書が作成されたのではないだろうか。

こうして見ると、十一月というのは絶妙な時期であった。使節となった鎌田が上方まで片道二ヶ月を要していることから逆算すると、前年十一月には、まだ秀吉の停戦令（十月二日付け）が到達していないと主張することができた。もちろん既述のように、書状を携えた使節が実際に島津領を出立したのは十二月で、しかも停戦令に対する緊急処置であった可能性があるものの、義久書状が「十一月」付けである限りは停戦令に抵触しない。たとえそれが、日付をさかのぼって作成されたものだとしても、である。

そして、それを秀吉も黙認する。あえて十一月付けの義久書状に対する返書として「忠功」を賞したということは、停戦令以前から義久は臣従を果たしていることを証明するものであった。停戦令に慌てて対処したものだとしても、日和見《ひよりみ》をしていた義久が臣従へと転換したことで、秀吉は留飲《りゆういん》を下げたのだった。鎌田には拝謁後に、秀吉みずから普請途中の大坂城内を案内したというが（『上井覚兼日記《うわいかくけんにつき》』）、これも自身の権勢を見せつけるためだけでなく、麾下《きか》に属した大名に対しての返礼という意味合いもあったのだろう。

なお蛇足ながら、【史料7】に登場する「綸命」に触れておくと、これはやはり関東における社会の静謐を指し、具体的には関東の諸氏が秀吉の指揮下に入ったことと取るのが自然である。これを停戦後の国分けの「裁判」までを含んで読み込むのは、かなりの憶測を重ねなければならない。やはり秀吉は、停戦令以前に臣従してきた体裁で、義久への返書を作成したと考えられよう。

九州の国分け案をめぐって

義久が臣従を果たし大友氏との和睦関係の維持を表明したことで、九州問題は、紛争の抑止と、そのための境界エリアの線引き（国分け）が次なる懸案事項となった。秀吉側は島津氏の勢力が九州の「過半」に及んでいると現状を認識しつつ、上洛した鎌田政弘には、次の国分け案を提示している。

大友氏……豊後・筑後・肥後半国《はんごく》・豊前半国
毛利氏……肥前
豊臣政権…筑前
島津氏……残りの九州（薩摩・大隅・日向・肥後半国、豊前半国？）

この天正十四年三月時点で、大友氏本国の豊後からも島津氏に寝返る諸氏が続出している状況を踏まえれば、かなり大友氏優位の国分け案である。島津氏には本拠の薩摩のほか、義久の時期になって勢力を浸透させていった大隅・日向・肥後半国などが認められてはいるものの、肥前・筑前といった北部九州の要地が除外され、受け入れがたい案であった。北部九州の中小領主たちから頼まれる盟主となっていた島津氏にとって、彼らを見捨てることを意味し、当主の体面を損なえば旧来の家臣との関係性にもヒビが入りかねない。大名の面子《メンツ》にかけて、秀吉の命に従うことなどできなかった。

その北部九州は、大友氏の影響力が衰えてからというもの、龍造寺氏や島津氏、あるいは毛利氏といった大名に中小領主たちが一斉に靡《なび》くたびに、勢力図が大きく塗りかえられてきた地域である。そんな地域を白か黒かに切り分けるには、誰がいつから誰の配下となっているのか慎重な調査が不可欠のはずであるが、しかし秀吉の国分けでそのような情報収集を行った形跡はない。大友・島津、あるいは毛利氏から事情を聴取し、十分な「理非」に基づいた丁寧な「裁判」をする用意はなかった。

むしろ秀吉側の対応は、きわめて場当たり的だったのではないかとすら思える史料がある。

> 九州については、毛利・大友・島津に対し、中小領主の誰々を配下とするか、国分けを行うように命じたところである。だが松浦氏は以前から秀吉に書状などを送り、懇意にしているところなので、人質など秀吉の指示するように進上すれば、知行などは現状維持とする旨をすでに諸氏に命じているので、まずは安心せよ。
>
> （【史料8】〔天正十四年〕五月二十八日付け松浦《まつら》隆信宛て豊臣秀吉書状）

秀吉が当初構想していた国分け案とは、毛利・大友・島津の三大名による九州の分割統治であり、中小領主はいずれかの大名の従属下に編成されるものである。ところが秀吉は、中小領主に対して人質など進上すれば、現在の「進退」を保障すると約束してしまった。これは個別対応を認めることにつながり、国分けというグレーゾーンの線引きを放棄するものである。国分け案は、政権の手によって有名無実化してしまったのだ。

はしごを外された島津氏

当然ながら、これは事態を悪化させた。秀吉は島津氏に対し、七月までの国分け案への返答を求めており、薩摩までの往復距離を考えればこれは「即答要求に近い」（［藤木一九八五］）。しかし島津氏側は黙殺し、軍勢を筑後方面へと展開した。中小領主たちが個別に秀吉への内通を始めてしまえば、彼らの盟主であった島津氏の体面は大きく損なわれる。彼らを牽制するためには、軍勢を送り、反島津氏勢力との抗争を続けるしかなかった。島津勢は当初、大友氏の本国豊後を攻める予定だったが、計画を変更し、筑後に向けて動き出したのが同年六月のことである。

もちろん島津氏側でも、秀吉の要求を「六ケ敷事《むつかしきこと》」（『上井覚兼日記』天正十四年六月七日条）と認識していたが、それでも島津氏が軍事行動に突き進んでいった理由として、もう一つ、毛利氏の存在が挙げられる。

書状にお示しのように、この三月に大坂の秀吉様に対して、これまで御無沙汰をしてきた件を、使節を派遣して申し上げました。すると秀吉様は使節と御対談をされ、さらには種々のこちらの申し分にご理解を示され、使節は首尾よく帰国しました。まことに島津家の面目となった次第です。ついては、毛利―島津間の同盟関係が、今後も変わらず、さらに強固になりますように願っています。

（【史料9】〔天正十四年〕七月付け毛利輝元宛て島津義久書状案）

義久がここで述べているように、使節の派遣によって秀吉への臣従を果たし、自身の主張が受け入れられたと認識していたのである。北部九州への軍事行動も、島津氏が大義名分としてきた「（大友氏への）防戦」の一環であるとして、申し開きが可能であると踏んでいたのであろう。

そこで重要になるのが毛利氏との同盟関係であった。この書状が作成された天正十四年七月には、島津勢が筑後から筑前に北上する。大友氏家臣の高橋紹運《たかはしじょううん》が籠もる岩屋城を落とし、さらに立花城へと矛先を向けるなかで、待ちわびていたのは、これまでの同盟を「さらに強固に」することを願ってやまない毛利氏からの援軍だったに違いない。毛利氏と連携すれば、大友氏の息がかかった諸氏を一掃でき、北部九州の権益を確実なものとできる。

同じころ、毛利勢も関門海峡を渡り、九州に上陸した。しかし、その目的は島津氏支援ではなく、大友氏の拠点立花城の救援にあった。頼みにしていた輝元に、義久は裏切られたのである。

輝元の苦境と変節

なぜ輝元は島津氏を見捨てたのか。半年ほど時間を遡《さかのぼ》った天正十四年の正月に、輝元が島津義久に送った書状から考えてみよう。

昨年冬に飛脚を遣わしたところ、ご丁寧な返信に与り、その旨を了解しました。さて、豊臣政権の天下静謐を推進するため、小早川隆景と吉川元長が大坂に急遽出立し、帰国してまいりました。ついては九州の件は、諸氏が戦争を停止し、豊臣政権への奉公に励むように、私から助言せよとのことです。義久からの使者心蓮坊に、もう一人を添えて秀吉様の命じた内容を言い含めたので、よくよく相談してください。

（【史料10】〔天正十四年〕正月二十五日付け島津義久宛て毛利輝元書状）

発給年次は尾下成敏氏の比定するように天正十四年で動かしがたい（〔尾下二〇一〇〕）。既述のように、輝元は前年十一月十日の時点で、島津義久と連携して大友氏の挟撃を画策していた。この書状中での「昨年冬に飛脚」とあるのも、おそらくは大友攻めを語らうものだったのだろう。ところが、それから二ヶ月ほどの間に、輝元は九州での戦争を仕掛ける側から、「戦争を停止し、豊臣政権への奉公に励むように」助言する側へと、大きく立場を変えた。いうまでもなく、小早川隆景と吉川元長の出仕により、輝元が秀吉に対する従属を一段と深めたためである。これで輝元の自力による軍事活動は大きく制限されたのだ。

さらに秀吉は、九州への軍勢派遣のためとして、輝元に臨戦態勢をとるよう命じた。四月十四日付けの秀吉条書（『毛利』九四九）では、毛利領国の支配徹底から、拠点城郭・秀吉御《ご》座所《ざしょ》の整備、街道の修築など、九州への大規模派兵を前提とした命令が並ぶ。先行研究が指摘するように、これらは露骨な内政干渉であった（[尾下二〇一〇]ほか）。また、ここでは大友氏との連携促進が明記されており、豊臣大名となったからには、輝元は命令に従うしかなかった。毛利氏は、秀吉の九州政策に引きずり込まれていたのである。

毛利氏を働かせようとムチを振りつつ、秀吉はアメの用意も忘れていなかった。六月、秀吉は毛利領国の移動を提案する。毛利領国から備中《びっちゅう》（半国）・伯耆《ほうき》（半国）・備後《びんご》・伊予の合計三ヶ国分を秀吉に割譲すれば、九州の豊前・筑前・筑後・肥後の四ヶ国を新たに与えるだけでなく、輝元を「九州取次」に任命するとのプランを示したのである（『毛利』九五五、年次比定は[尾下二〇一〇]による）。これが実現すれば、毛利領国は大きく西にスライドし、九州で大きな権益を確保しうる。ただ一方で同日付けの別の秀吉覚書では、伊予一国の進上ならば筑前・筑後二ヶ国と肥前の一郡半を与え（『毛利』九八一）、筑前の立花氏・宗像《むなかた》氏・秋月氏・原田氏と肥前の筑紫氏といった諸氏を毛利氏配下とする構想が記される（『毛利』九八二）。中小領主がひしめく筑前・筑後などを毛利領に編入することを基本軸としつつ、あとは輝元の妥協次第で権益を積み増し、「九州取次」として九州諸氏の上位に据える（［戸谷二〇〇五］）構想だったといえよう。

好餌と引き換えに期待されたのは、毛利氏の軍事力である。当時、まだ家康の臣従を完全なものとしていないなかで、秀吉自身が九州に出陣するにはリスクが高すぎた（［中野二〇〇六］［尾下二〇一〇］）。ひとまずは毛利勢に働かせて九州情勢の打開を図り、これによって毛利氏の従属をも進めることもできると、秀吉は計算したのだろう。

毛利氏へのアメのためには、三月に示した国分け案を反故にすることなど些末《さまつ》な問題である。三月案に比べると大友氏分は大きく減じているが、これは、九州の静謐を図る軍事力を大友氏に期待できないという現実問題もさることながら、それまで大友氏の取次役となって九州事情に通じていた松井友閑が罷免《ひめん》された影響もありそうだ。友閑の罷免は史料では「曲事《くせごと》」とされるだけで（「多聞院」天正十四年六月十四日条）、詳細は不明だが、政権内部における代弁者の消滅と大友氏の権益減少とがリンクしていた可能性は高い。

大友氏から毛利氏へ。政権のシフトチェンジが、輝元の妥協を引き出した。同年六月、ついに毛利―大友間の和睦が成立したのである。これによって輝元は、豊臣方の先兵として、九州に対峙していかなければならなくなる。自身の論理で準備してきた九州への出陣計画とも、島津氏と培ってきた同盟関係とも、決別する時を迎えていた。

豊臣勢の出陣という圧力

毛利―大友間の和睦成就の報を大友氏から伝えられた秀吉は、次のように述べている。

六月二十八日の注進状を、この七月十日に、京都で披見した。この四月、大友宗麟が上洛した際に、秀吉から九州政策の条書を命じたことで、大友氏と毛利輝元の和睦が成就したとのこと、大変結構なことである。だが島津氏の同意が得られなかったのは仕方なく残念なことだ。かくなる上は「征伐」をしよう。

（【史料11】〔天正十四年〕七月十二日付け豊臣秀吉朱印状写）

文中にあるように、四月に上洛した大友宗麟は秀吉に拝謁し、大坂城の案内を受けている。

わざわざ隠居の身であった宗麟が上洛したのは、九州における島津勢の圧迫を訴えるだけでなく、秀吉の毛利氏重用に対する危機感もあったのであろう。ただそれも、長年の宿敵だった毛利氏と大友氏の関係が六月になって改善され、表面上は手を取り合って秀吉の九州政策の旗振り役となった。

毛利氏と大友氏が手を結んだことで、弾き出されたのが島津氏である。既述のように島津氏は、この年春に鎌田を派遣したことで、秀吉への臣従を果たしたものと理解していた。それが、毛利―大友間の和睦に同意しなかったとの理由で、豊臣勢の「征伐」対象に転落してしまうのである。なおここで理由とされたのは、あくまでも和睦への不同意であり、国分け案への不同意ではないことに注意しておきたい。

この朱印状の後段で秀吉は、長宗我部氏ら四国勢を豊後に、毛利氏ら中国勢を筑前に、それぞれ派遣することを決定している。ただしこの軍勢は、征伐軍というよりは、島津氏側の軽はずみな侵入を防ぐとともに、島津氏側からの妥協を引き出すための圧力をかける仕掛けとするべきであろう。この時点では、秀吉は「征伐」を謳いながら、和睦への不同意を「仕方なく残念なこと（是非なく思し召し候）」とするだけで、島津氏に一方的に非があると強く主張してはいないのである。ここで島津氏が妥協すれば、まだ十分に交渉の余地はあったはずだ。

軍勢を送る側の状況

一方、毛利家内部には、敵対していた大友氏を支援することに躊躇する動きもあったようだ。秀吉は筑前への毛利勢出征を急がせようと、今回の軍勢派遣が「総じて天下国家のための出陣であるけれども、これは毛利家の面目にもなり、さらには九州諸国の諸氏のためでもある。だから、下々に至るまで、心ある武士ならば率先して出陣するものと秀吉は理解している」（天正十四年八月五日付け秀吉判物、『小早川』四〇〇）として、毛利家の「面目」が立つ出陣であると説く。また、「秀吉は中国大陸までをも指揮下に置こうと思っていたところ、島津が叛逆したのはもっけの幸い、この機会に九州統治を固めておこう」（同日付け秀吉朱印状写、『毛利』九五〇）と、九州の隣に位置する「中国大陸」を大きな課題として持ち出して九州の地域事情を矮小化《わいしょうか》し、先手となる毛利勢を鼓舞している。裏を返せば、秀吉自身が動かないことへの冷ややかな反応もあったということになろう。

秀吉が動けなかったのは、先行研究が指摘するように、家康の対応が煮え切らなかったためであろう。この年五月に、秀吉の妹旭姫を家康の正室とし、事実上の人質を送ってまで家康の臣従を取りつけようとしたが、その確約は遅れていた。家康問題が片付かなければ、数ヶ月も上方を留守にせざるをえない九州出陣はリスクが大きすぎる。このタイミングで秀吉にできることは、毛利氏の軍事力を頼みにしつつ、九州前線の豊臣勢を鼓舞することだけであった。「島津勢が立花城に攻めかかってきたら、退却しないように引き留めておくだけでよい。注進が届き次第に、秀吉が一騎がけで乗り込み、島津の首を討ち果たしてやる。これは八幡大菩薩に誓って「虚言」ではないぞ」（『秀吉』一九三六）というように、近日中の秀吉出馬を約束して士気を高めているのだが、思うように出馬できない秀吉にとって、八幡大菩薩を引き合いに出すほどの苦境であったことは確かである。

秀吉不在の九州では、毛利勢の出動によって、筑前の島津氏は戦況の不利を悟り、また豊臣方への内通者が増えることを恐れたため、八月下旬に一度兵を引き上げた。また毛利勢は豊後に入った四国勢や大友勢と連携して、豊前などの反大友氏方の拠点を攻略していったが、戦況は膠着《こうちゃく》し長期戦の様相を見せ始めていた。

上方では十月に入り、秀吉は母の大政所を人質に送ったことで、ようやく家康が重い腰を上げて上洛した。東方の懸案が解消したわけだが、翌月には正親町天皇から後陽成天皇への譲位が予定されており、関白秀吉に都を離れる余裕はなく、年内にもと言っていた九州出陣は翌年春に延期される。「来春には秀吉が島津の居城に乗り込んで首を刎ねてやろう」（『秀吉』一九八二）とか、「来年春といっても、あと五十日ほど。油断めされるなよ」（『秀吉』二〇一五）など、強気の表現が並ぶが、戦線は停滞しつつあったのである。

軍勢を迎える側の状況

さて、薩摩に帰国した島津義久は秀吉への使節派遣を決め、九月二十七日付けで弁明の書状を作成している。たとえば秀吉の弟秀長宛てには「肥後・筑後周辺で少しだけ軍勢を出し、今も戦闘状態が続いているが、関白秀吉様の命に従って、島津勢は他国には手出しをしていない」と、従来と同じ主張を繰り返している（『旧記』後二―一八八）。また石田三成に宛てては、「四国・中国衆に島津氏攻めを命じ出陣されたとの風聞があるが、納得できない。なによりも（大友氏側の）邪正を究明されることを望みます」として、軍勢派遣よりも大友氏との関係「御紕明」が先決であると訴えていた（『旧記』後二―一八三）。島津氏側の論理では、秀吉との主従関係には揺るぎがなく（『旧記』後二―一八四）、軍勢を差し向けられるいわれはないというのである。

義久の主張は正論であるが、正論ほど落としどころは見出しにくい。豊臣政権のように、秀吉のカリスマ的な武威で他者の服属を進めてきた権力にとっては、ひとたび軍勢が動き出すと、それを撤収させるには相応の戦果が不可欠であった。島津氏が「征伐」の対象である以上、戦果を提供するには島津氏が妥協するしかないのだが、義久が応じないからには、軍事は継続されるのである。

数で勝る豊臣勢の軍事的な圧力を痛感しつつ、しかし義久は停滞を選ばなかった。漫然と手をこまねいていては、北部九州の諸氏は島津氏に見切りをつけて離反し、これが家中に波及すれば統制は乱れてしまい、主戦派を抑えることもできない。逡巡《しゅんじゅん》しながらも、義久もまた軍事活動を止めることができなかったのである。義久は十月になって出陣を命じた。その標的は、すでに豊臣方の長宗我部元親・仙石秀久ら四国勢が駐留している、大友氏の本国豊後だったのである。

十二月二日、日向から北上した島津家久（義久の弟）の軍勢が豊後に侵入したとの報を受けた秀吉は、前線にいる小早川隆景らに宛てて「島津勢が豊後に侵入したのは、まぎれもなく天が与えた好機である」として、九州の豊臣勢を総動員して迎撃し「敗軍」に追い込むよう命じている（『秀吉』二〇一九）。

豊臣勢を破った戸次川の戦い

秀吉の表現は、逆説的な予言となった。この十日後、豊後戸次川《へつぎがわ》で島津勢との合戦が起こり、豊臣方の大友義統・長宗我部元親・仙石秀久らの軍勢がことごとく敗れたのである（戸次川の戦い）。元親の嫡男信親らが討死を遂げる大敗を喫し、大友義統は府内へ、さらに豊前へと逃げ延びてしまった。主を失った府内では、島津勢が略奪と破壊をほしいままにする。敗者の常とはいえ、府内の町がこれほどの凄惨を極めたのは、島津氏の長年に渡る大友氏への怨念というほかはない。こうして豊後は島津氏が制圧してしまった。

この大敗が、最終的に秀吉出陣を不可避のものとした。面子をつぶされた豊臣方は、秀吉が総大将として乗り込まざるをえない状況となる。つまり、島津氏は勝ちすぎてしまったのである。勝ちすぎたがために、妥協へのハードルは引き上げられたのだが、しかし義久が翌年の正月十九日付けで作成した弁明状は、やはり正論を並べたものだった。

大友氏側が請い願ったことと存じますが、他国の軍勢を率いて（島津氏領国に）侵入する企みが明らかになったので、島津氏領国の危機と考え、日向堺まで出陣し、防戦のための軍勢を（豊後方面へと）差し向けました。そこに仙石殿と長宗我部殿が義統の援軍として参陣していることを聞き及び、両氏の軍勢に対し、「今度の出馬は、たとえ秀吉様の命であっても、当家より豊臣政権に対しては、微塵も疎略に思ったことはない。なにゆえ討伐の対象とするのか。対戦はご用捨願いたい」との旨を、あえて通達したのですが、承引なく、攻めてこられました。当方も黙止しがたく、一戦の末、勝利を収めました。しかも大友勢の敗軍により、仙石勢・長宗我部勢の区別がつきにくく、数千騎を討ち果たしました。こちらも想定外のことで、今となっては仕方のないことです。しかし、ここでとくに申し上げておきたいことは、豊臣勢・四国勢が府内で途方に暮れていたところ、弟家久の判断で、大船三、四艘ほどを調達し、帰還のための船を出したことは、豊臣方への功績として明らかです。これらの事情を勘案いただき、ご検討いただければ幸いです。

（【史料12】〔天正十五年〕正月十九日付け豊臣秀長宛て島津義久書状案）

島津氏の軍事活動は、大友氏に対する「防戦」であるとの基本路線は変わっていない。また四国勢を撃破したのは、事前に「用捨」を伝えたものの、それが承認されなかったためであるという。なお、藤木久志氏はこの「用捨」を豊臣政権に対する島津氏の赦免《しゃめん》要求と捉えるが（〔藤木一九八五〕）、史料の文脈からすれば、解釈に示したように、四国勢が島津氏に敵対することを「用捨」するよう願ったものとするのが自然である。

豊臣政権に対して弓を引いたものではないという弁明は、正論であるあまり妥協の余地がないことを示していた。戸次川から逃げ帰った仙石秀久から領国讃岐を召し上げた秀吉は、新たに、そして大規模な布陣による派兵を実行に移したのである。年が明けた天正十五年

（一五八七）正月一日付けで発表された陣立てによれば、同月二十五日に一万五千の兵を率いて出発する宇喜多秀家を皮切りに、あわせて約二十五万の大軍が九州へ渡るものとされ、秀吉自身の大坂出立は三月一日と定められた。

政権内部でコンセンサスのない出兵

天正十五年三月、秀吉の華々しい出陣を見送った上方では、朝廷が主導して戦捷祈願《せんしょうきがん》が各寺社に命じられている（「兼見卿記」天正十五年三月十三日条ほか）。朝廷からの討伐対象となる島津氏は、これで「朝敵」と位置づけられた。秀吉自身も、書状のなかで「御敵」「征伐」といったフレーズを頻発しており、この出陣の目的が島津氏討伐にあったことは、まったく疑いがないようにも見える。

しかし、なかには別の見解を示すものもいた。二つの証言を読み下し文で掲げ、比較してみたい。

天正十五年春三月、薩州嶋津修理大夫義久の御誅罰として御動座

（「楠長諳九州下向記」、東京大学史料編纂所所蔵影写本「佐佐木信綱氏所蔵文書」）

ことし天正十五、三月のはじめ、博陸殿下《（関白豊臣秀吉）》、九州大友・嶋津わたくしの鉾盾をとどめらるべきために御進発の事あり

（「九州道之記」細川藤孝筆、〔八代市立博物館未来の森ミュージアム二〇一三〕）

前者の著者である楠長諳は、文筆の才をもって織田信長の祐筆《ゆうひつ》となり、そのまま秀吉の祐筆にスライドした人物である。秀吉出陣の理由を島津義久「御誅罰」のためとする説明は、秀吉書状にある「御敵」「征伐」とも合致し、いわば政権の公式見解を踏襲したものである。

では後者はどうか。著者の細川藤孝は既述のように、早い段階から島津氏と政権の取次役となり、前年三月に上洛した島津氏使節が秀吉に拝謁した場にも同席していた。つまりは島津氏の主張内容や九州情勢に、もっとも通じていた一人である。その藤孝からすれば、今回の秀吉出陣の目的は、「大友・嶋津」間の「わたくしの鉾盾」（私戦）の停止にあった。ここでは島津氏だけを討伐対象としておらず、大友氏にも「わたくしの」非があるゆえに防戦が続いているという島津氏の主張に沿った見解である。

政権内部での二つの見解は、本書で辿ってきた九州攻めの経緯とも合致する。大友―島津間の停戦令に始まった秀吉の九州政策であったが、しかし調停では、その確実な停戦を実現

できず、むしろ混乱に拍車をかけながら、その都度ごとに豊臣勢の出動をちらつかせ、あるいは実際に投入しながら、軍事的な圧力をかけ続けて局面の打開を図ってきた。九州への軍事出動を正当化する論理が、島津氏の「征伐」であり、秀吉による「御誅罰」である。これを政権側が標榜した公式見解とすることができよう。

軍事で圧力をかける裏で、事情聴取によって島津氏から妥協を引き出し、九州を静謐にする試みも継続している。細川藤孝のような事情通は、こうした経緯を踏まえて、大軍投入の目的が、「わたくしの鉾楯」の停止にあると看破していたのである。

単純な武力による島津氏討伐のように見えて、じつは九州の紛争状態を止め静謐にすることが目的であるという。表向きと内実、その二面性もあって豊臣政権は、島津氏に非があり、それゆえの出兵であるという主張を明確にすることがなかった。後述する小田原攻めにおいては、北条氏の非をあげつらった弾劾状《だんがいじょう》を政権が総力を挙げて作成し、広い範囲にばら撒いてまで討伐の妥当性を強調した状況とは大いに異なる。今回の九州攻めは、討伐の妥当性を強く主張する前に、出陣が強行されてしまったのである。

秀吉の薩摩入り、義久の降伏

それだけに島津氏側が妥協をすれば、歩み寄りの余地はあった。だが島津氏の主戦派は頑なで、天正十五年に入ると足利義昭らが画策した降伏勧告も拒絶してしまう。ついに十五万の大軍を率いた豊臣秀長軍は豊後から南下し、翌月には日向根白坂《ねじろざか》で合戦となった。これが島津勢の敗北に終わったことで、主戦論は鳴りを潜め、以降は段階的に降伏をしていく。九州の西側から十万ともいわれる兵を率いて南下した秀吉の本隊が、薩摩に入ると、そこに剃《てい》髪《はつ》した義久が駆け込み降伏を認められたのは、この年五月八日のことである。

その翌日、秀吉は義久に薩摩一国を安堵《あんど》する判物を与えた。

日本六十余州は秀吉の支配下に置くようにと、正親町天皇から命じられたので、すべて統制することとなった。ところが、九州の国分けを昨年調整した折に、秀吉の命に従わず、静謐を乱す所行があった。それを誅罰するため、今度秀吉自身が薩摩まで出陣してきたのである。討ち果たされる寸前に、義久が命を投げ出して秀吉のもとに投降してきたからには、赦免しよう。ついては、義久に薩摩一国を宛行《あてが》う。領国の統治には遺漏ないようにせよ。今後は天皇の意思に従い、忠功に励むのを第一とすること。

（【史料13】天正十五年五月九日付け島津家久宛て豊臣秀吉判物）

ここには、義久が「誅罰」されるに至った経緯が記される。とはいえこれが政権側の公式見解を並べたものであることは、一読して明らかであろう。天皇の名前を出して秀吉が命じた停戦令は、じつは信長期に結ばれた大友―島津間の和睦遵守を大友氏のために命じたものであり、「国分け」も複雑な地域の利害関係を丁寧に精査したものではなく、政権側が場当たり的に提示したものである。九州の静謐を乱したことと秀吉の命令に従わないことがイコールで結ばれているが、これは大友氏側の主張に沿った一方的な評価であり、秀吉出陣に至ったのは政権側が、軍事的な圧力により局面の打開を図っていった結果にすぎない。

公式見解を並べながらも、義久が頭を丸めて降伏の姿勢を示したことで、秀吉は了とした。そこには、これまで島津氏が主張してきた論理に、一応の筋が通っていることもあるのだろう。「誅罰」対象で首を刎ねられるはずの義久に薩摩一国を安堵したのは、秀吉側の譲歩でもあったのである。

妥協の産物だった戦後処理

最終的に島津氏のもとには、複数の領国が残された。薩摩一国のほか、やや遅れて降伏を表明した島津義弘に大隅国が与えられ、さらに日向国の一部の領有も認められた。これらは後の江戸時代に薩摩藩領として継承されるもので、島津家総体として見れば、戦国末期の勢力圏からは大きく減じられながらも、南九州をほぼ占有できたといえる。

しかし新たな島津領の内実は、性格の異なる所領の寄せ集めで、承認の方法も異なるものであった。たとえば義久への薩摩一国の宛行状は、秀吉の花押《かおう》を据えた判物《はんもつ》で出されたのに対し、義弘に大隅を宛行った文書は、より薄礼の朱印状が用いられ、秀吉からの「新恩」であることが強調された。つまり、豊臣政権は表向き、大隅を島津氏本領として扱わなかったのである。しかも大隅の肝属郡は、家老の伊集院忠棟が秀吉から直接拝領することとなった。家臣が秀吉から直接拝領した事例はほかにもあり、島津家中に対する政権側の露骨な介入であったことはいうまでもない。

それぞれの拝領地に質的な差異が生じたのは、薩摩以外の所領の確定が政権側と島津氏側の駆け引きの産物だったためである。交渉の過程で政権側が絶対的な優位に立てず、譲歩を重ねたのは、やはり九州攻めに至る経緯にあるのだろう。秀吉は圧倒的な上位者であるように振る舞いながら、じつは水面下で島津氏側の主張をも容れ、妥協点を探っていた。島津領の確定は、義久の本領安堵を基本軸に、豊臣勢に対する反撃の状況や降伏時期などを勘案して進められたのではないだろうか。

かつて前年（天正十四年）三月に示された国分け案も、当事者の「理非」を十分に踏まえた末の判断ではなく、場当たり的に示した性格が強いものだった。九州攻めも、大軍による威圧で島津氏を降伏させることはできたが、領国の確定は交渉に委ねられ、グレーゾーンを残す点では基本的に変わらない。あくまでも九州攻めは、「わたくしの鉾盾」という紛争状態の停止が目的であり、それ以上の統治方針は十分に構想されていなかったことを示唆する。

柔軟な統治方針とすれば聞こえはいいが、結局は豊臣の軍事力を背景に、九州諸氏との落としどころを探ったのが実情であろう。豊臣勢が引き上げると、佐々成政の領国肥後では大規模な一揆が起こり、周辺諸氏が豊臣方として軍勢を出してようやく鎮圧するような有様だった(［尾下二〇一一］)。島津氏内部においても、豊臣政権への不満はくすぶり続け、彼らの期待もあって義久の影響力は保持されたまま、当主権の所在を明確にしない状態を続ける(［黒嶋二〇一四b］)。豊臣の軍勢によって諸氏の停戦状態と秀吉への臣従を勝ち取ったものの、課題の多くは決着を先送りされたのである。

新たな武威の提唱へ

では、妥協に満ちた九州平定を、秀吉はどのような武威として語ったのだろうか。出陣中の秀吉は、こまめに上方へと戦況を報告しており、いずれも似たような内容を持つのだが、ここでは薩摩からの帰路、五月二十八日に家康に宛てた書状を見てみたい（「名護屋城博物館所蔵文書」『秀吉』二二〇六）。そこでは、島津義久から嫡女を人質として徴収した上で大坂へ召し連れること、弟の義弘に日向などを与え、同様に人質を取ったことなど島津氏への処置を記し、九州の国分けは、肥後に佐々成政、豊前に黒田官兵衛、筑前・筑後に小早川隆景を配したことも知らせている。しかも秀吉は、九州をすみやかに平定したのだが、遠国の支配体制構築を「五畿内同前」に進めるため、しばし逗留《とうりゅう》しているという。これは裏を返せば、軍事的な征伐は終わったものの、その後の処理の方が、じつは手間と時間を要するものだったということであろう。

そしてそこに、新たな喧伝材料として登場するのが、九州の隣に位置するアジア諸国との対外関係である。まず「大唐・南蛮・高麗」の船が入る「博多」に、秀吉の「御座所」普請を命じた。小早川隆景に筑前を与えたのも、博多の「留主居」として普請を行わせるためであった。さらに、対馬の宗氏が媒介して結ばれようとしていた朝鮮との外交関係を、秀吉はこう報告する。朝鮮からの進物や人質の提出は不要であると断ったが、「日本之覚」にもなるので「高麗帝王」に「日本へ出仕」を要求したところであり、もし先方が従わなければ「来春人数」を送り込んで「成敗」しよう、と。

秀吉による朝鮮への軍勢派遣計画は、九州攻めの前年から毛利氏らに宛てて公言されていたものではある。ただそれらは、九州攻めに乗り気ではない諸氏を鼓舞するために、九州問題の矮小化を図ろうと持ち出されたものであった。それはここでも同じなのだろう。大軍を率いて乗り込んできたにもかかわらず、九州問題は奥深く、秀吉のペースで思うような仕置きができない。戦後処理に手こずっている現状では、とても武威として発信できないとすれば、別のテーマを掲げるしかない。

つまり問題のすり替えである。新たに「日本之覚」として異国の国王が「出仕」してくるという、これまでの武家政権が成し遂げたこともないようなテーマを掲げて、九州問題から目線を逸らそうというのだ。しかしこれが、朝鮮出兵へとつながり、泥沼化していくのは周知の通りである。その流れは以前に追いかけたところ（[黒嶋二〇一五]）なので、そちらに譲り、ひとまず九州攻めについてまとめておこう。

それは「惣無事令」と呼べるのか

以上、九州攻めに至る過程を確認してきた。これまでの研究では、停戦令に従わない島津氏が、当初から秀吉の討伐対象だったものと考えられてきたが、じつは前年（天正十四年）三月から島津氏の臣従も進められており、政権を無視してきたわけでも服従を拒んできたわけでもなかった。一方でこの間、政権側では臣従が進んだ毛利氏への期待が高まり、毛利氏を軸に軍事的な圧力をかけて九州問題の解決を図ろうとする。秀吉の九州攻めも、この方向性の延長線上にあった。秀吉のカリスマ的な武威を中心に据える豊臣政権にとって、ひとたび武力行使に舵を切ると、そこからの軌道修正は難しい。秀吉は九州問題の解決に際し、停戦令と国分けという平和的手法ではなく、軍事的に威圧するという力業を選んだのである。

こうした歴史を、藤木久志氏のように「惣無事令」という概念で捉えるのは難しいだろう。「惣無事令」論は、客観的な史料解釈から導かれたものというよりは、「惣無事令」と評価しうる場面を切り出し、つなぎ合わせて、そこに大きな意義を与え強調することで構成された学説である。秀吉の展開した九州政策に「惣無事令」と重なる要素が含まれるのは確かだが、そこだけを抽出して明るすぎるスポットライトを当ててしまうのは、歴史の描写としてバランスを欠く。また、停戦令とセットになる国分令も、実際には「理非」を十分に斟酌《しんしゃく》せずに発表された場当たり的な案にすぎず、さらには秀吉自身が、毛利氏を重用する過程で骨抜きにしていったものである。これを政権の基本政策と評価し大きな意義を与えるのは難しいだろう。

しかし、藤木氏が注目した「平和」的要素が、秀吉の九州政策のなかで、まったく意味のないものだったわけではない。具体的には停戦令や国分け案の提示をさすが、それらの「平和」的な事象は史料のなかで「静謐」という言葉をともなって記されていた。九州までをも静謐にするための停戦令、戦争によらず静謐な状態のもとで事態を解決するための国分け案の提示。藤木氏が「惣無事令」として切り出した要素はいずれも、静謐を基礎としており、それゆえにそこだけを切り取って並べると、あたかも豊臣政権が「平和」的な権力体であったかのように見えてくるのである。

しかし、現実の秀吉は静謐を標榜しつつも、大軍の動員という動的手段によって解決を図る。九州の静謐は、平和的手段とは正反対の武力で実現することは否定できない。ここでの静謐とは大軍によって実現されるもの、つまりは秀吉との堅固な主従関係の構築を第一義的な目的としたものであり、先送りにされた領地の国分けや詳細な石高《こくだか》（軍役高《ぐんやくだか》）の把握は、静謐から派生した枝葉にすぎない。これは、分析の視点をどこに置くかによっても変わってくる問題ではあるが、平和的側面だけを切り取って豊臣政権という大木の根幹であるかのように位置づけるのは、論点をずらすことになってしまうのではないだろうか。

では、このような静謐と武力とが同居した秀吉の武威は、次なる征服地である奥羽においても確認できるのであろうか。章をあらためて検討してみよう。

第二章　秀吉の奥羽「惣無事」

奥羽の伊達輝宗と秀吉

本能寺の変後、東北（以下、陸奥・出羽二国を合わせて奥羽と呼ぶ）の武家諸氏のなかで最も早く秀吉に通じたのは、第一章でも見たように安藤氏であった。すでに信長の時期からつながりがあり、しかも取次役が秀吉だったということもあるのだろうが、辺境の遠隔地にありながら素早い情報収集には驚かされる。この書状で秀吉は、翌年の東国出兵計画と敵対勢力の討伐を言明しており、早くから関東・奥羽の諸氏の服属に着手していたといえる。

では、奥羽の武家諸氏のなかで最大規模の勢力を誇った伊達《だて》輝宗《てるむね》はどうだろうか。輝宗もまた、第四章で見るように信長の時期から上方との通交を熱心に続けていたのだが、秀吉から初めての通信は、遅れに遅れて本能寺の変から三年を過ぎた天正十三年（一五八五）七月二日付けの書状になる。秀吉は「信長在世中」と変わらぬ関係を約束してはいるものの、これは伊達氏から送った馬と「去年八月廿日之書状」に対する返書であった（『秀吉』一四七六）。遠距離で冬場の移動に難儀をしたとしても、いささか時間が開きすぎているのではないか。

おそらくこれには、山崎の戦い以後の織田家の内部抗争が影響しているだろう。信長の時期、伊達輝宗に期待されていたのは信長に敵対する上杉氏の牽制役であり、輝宗は天正九年から北陸方面を担当していた柴田勝家と連絡を取っていた。山崎の戦い以後も、伊達氏ではこのコネクションによって上方の情報を入手していたとすれば、この状況は、勝家が越前北庄に散る天正十一年四月まで続くと考えられる。また輝宗は、前後して関東の北条氏とも、北関東の佐竹氏らの動きをめぐって連携するようになっていた（[小林一九九七]）。北条氏は、武田氏の遺領をめぐって争っていた徳川家康と和睦し、天正十一年秋には家康の娘督姫《とくひめ》が北条氏直の正室となっている。家康が織田信雄とともに小牧・長久手の戦いで秀吉と対立している時期には、北条氏と通じていた伊達氏もまた、反秀吉勢力と目されていた可能性がある。このように考えると、小牧・長久手の戦いが鎮静化した天正十三年になって、ようやく秀吉と伊達氏の通交が始まることも納得がいく。

こうした経緯を乗り越えて送られた秀吉書状は、例によって備中攻めから賤ヶ岳までの自分の戦功を書き連ねて、武威を強調するものである。そのなかで賤ヶ岳の後は天正十三年三月の紀伊攻めまで話が飛び、天正十二年の記事が欠けているが、同年は小牧・長久手の戦いの最中であり、秀吉が明確に勝利を収める武威が不在だったためかもしれない。なおこの書状を持参して、秀吉から伊達氏のもとに派遣された使者の金山宗洗は、以後も上方と奥羽との間を往復する重要な役割を担うこととなる。

伊達政宗像（東福寺霊源院蔵、東京大学史料編纂所所蔵摸写）

父から息子政宗へ

この天正十三年は、伊達家にとっても大きな節目の年であった。輝宗から嫡男政宗へと家督が譲られたのである。この正月で輝宗は四十二歳、政宗は十九歳であり、前年十月に家督譲渡が発表された際には政宗自身が若年を理由に固辞したというが、輝宗はそれを押し切った（［小林一九五九］ほか）。そこには輝宗の深慮がうかがえる。じつは伊達氏では代々、家督相続のたびに内紛が起きており、政宗の曾祖父稙宗《たねむね》と祖父晴宗《はるむね》の間に起きた伊達氏天文《てんぶん》の乱《らん》は周辺諸氏を巻き込んだ大争乱となり、晴宗と輝宗の間でも家督相続期に家中が二分する騒ぎを起こしている。伊達氏のお家芸ともいえる当主交替時のゴタゴタを未然に防ぐべく、輝宗は前年の天正十二年から隠居の準備を始め、政宗への譲渡を速やかに、そして平和裏に進めようとしたのであろう。代替わりにともなって、中央とのつながりも更新しておく必要がある。代々、伊達家の名乗りは室町幕府の将軍から一字偏諱《へんき》を賜るのが通例だった（輝宗の名も将軍足利義輝の偏諱によるが、すでに最後の将軍足利義昭は京を追われていたため、政宗の名は伊達家中興の祖とされる先祖（九代政宗）からとった。政宗は元服時に官途《かんと》を持っていなかったため、当主就任に際して中央とも通交しておく必要がある。この前年八月に、輝宗が秀吉に初めて馬を贈ったのも、ただ新興の天下人に接近するためだけではなく、政宗への代替わりを進める一環として中央とのコネクションを構築する目的もあったのだろう。

じつはこの時、ちょっと面白い現象が起きている。中央では天下人が秀吉に変わった頃になって、かつて信長が焼き打ちにした比叡山延暦寺の再建が、ようやく着手されようとしていた。費用調達のためとして朝廷は延暦寺に諸国での勧進《かんじん》を許可するのだが、当初伊達氏に対しては、延暦寺の根本中堂戒壇院《こんぽんちゅうどうかいだんいん》の再建費用を負担するようにとの綸旨《りんじ》が天正十三年三月十一日付けで輝宗に宛てて出された（『大日』十一―一四、同日条）。ところが間もなく、政宗に美作守《みまさかのかみ》の官途を与えるとともに、今度は三月二十六日付けで、日吉社《ひえしゃ》三宮本殿の再建費用を命じる綸旨が同じく政宗宛てに出されたのである。さすがに二重の負担は重すぎるとして伊達氏側からクレームが出たらしく、美作守の官途は辞退し（［小林二〇〇八］）、結果的に根本中堂戒壇院の再建費用のみに変更されたのだが、汗のごとき綸言を取り消すことになった延暦寺の担当者は、二重の発給は「天慮」の「御失念」と平謝りを続けるばかりだった

（『大日』十一—一四、三月二十六日条）。

政宗による蘆名攻め

政宗が新当主としての体裁を整えていくなかで、見逃せないのは、伊達氏の対立軸が変化していることである。父輝宗の頃は、もっぱら相馬氏との抗争に明け暮れているのだが、政宗は、家督相続から間もない天正十三年五月に檜原口《ひばらぐち》から蘆名《あしな》領へ攻め込んだ。伊達—蘆名関係は、それまでの協調から対立へと転じたのである。これを政宗の家督相続と結びつけて理解する向きもあるが、のちの天正十七年の史料では「（伊達氏は蘆名氏と）六、七年戦争を続けている」と述べており（『伊達』四三一）、輝宗が隠居を表明したころには、すでに予断を許さない関係へと転じていたのであろう。

同じころ、蘆名氏の当主盛隆が家臣とのトラブルで命を落とし、まだ生まれたばかりの亀若丸《かめわかまる》を当主の座に据える不安定な状況となった。伊達氏と並ぶ勢力を誇った南奥の雄が、内部から動揺しはじめたのである。ほかにも政宗にとって無視できないものに、田村氏との関係がある。政宗は田村清顕の一人娘を正室に迎えており、それは田村氏が敵対していた大内氏や二本松畠山氏、さらに彼らの背後にいる蘆名氏との対立関係をも持ち込む婚姻となった

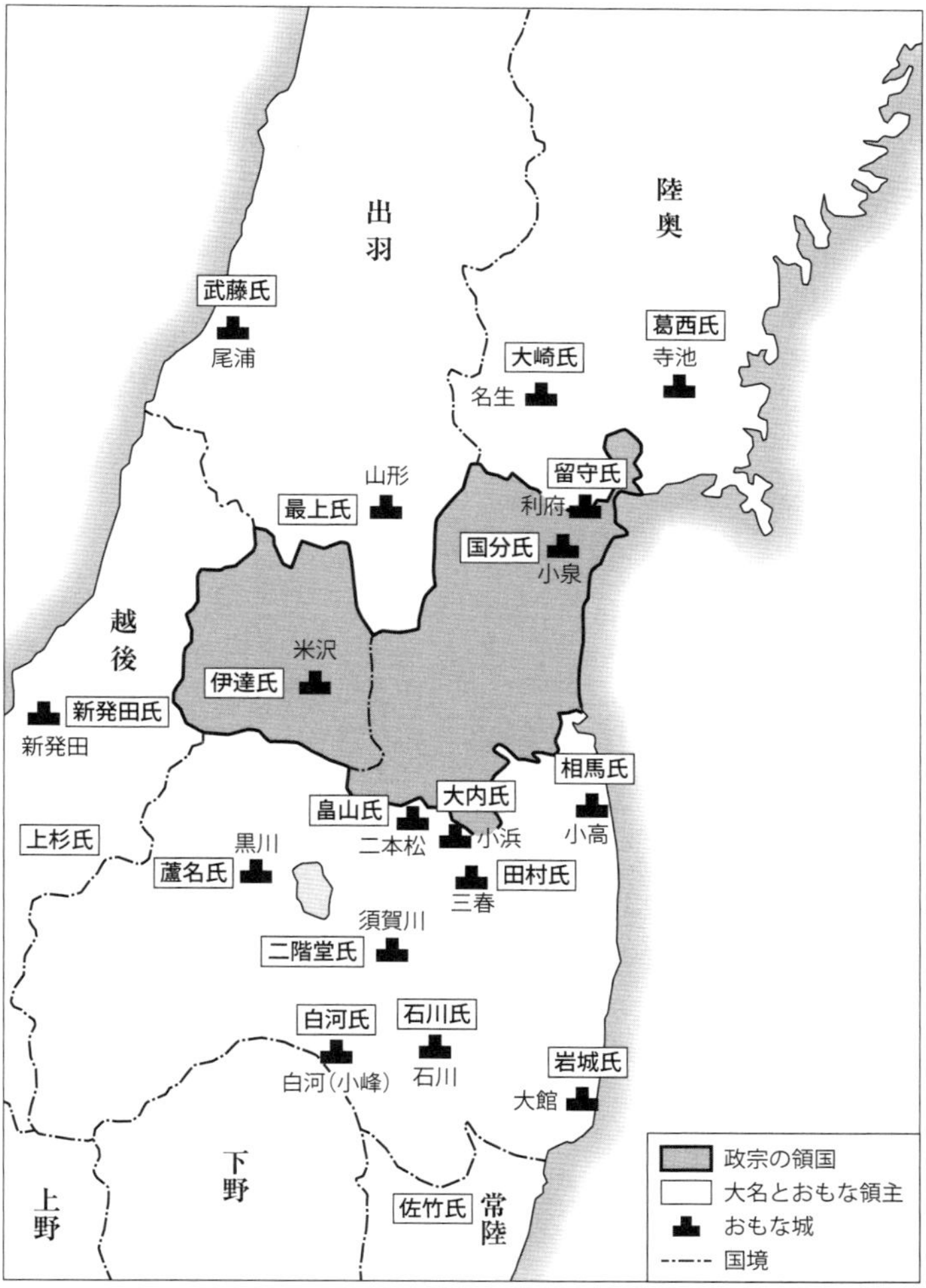

天正12年頃の伊達氏と周辺諸氏（仙台市博物館『特別展図録 伊達政宗 生誕450年記念』所収図に黒嶋加筆）

ためだ。政宗が檜原攻めの失敗後、安達郡の大内氏攻略に照準を合わせているのも、田村氏との連携を深める意味があった。ところがこれが蛮勇となり、大事件を引き起こしてしまう。

政宗は天正十三年閏八月、大内定綱の属城小手森《おでもり》を陥落させると、まもなく定綱が亡命した畠山義継の攻略に取りかかった。追い込まれた義継は政宗に恭順の意を示し、服属交渉がまとまる寸前で、その事件は起きる。十月八日、義継が輝宗を拉致し、追撃した伊達勢によって輝宗とともに撃ち殺されたのである。憤懣《ふんまん》やるかたない政宗は二本松城を包囲するが、翌十一月になると、畠山氏を支援する蘆名・佐竹・岩城・石川・白河らの軍勢が連合して乗り込み、伊達勢と合戦となった。激戦のなか、政宗は家臣の鬼庭左月《おににわさげつ》らを失う敗北を喫してしまう（人取橋《ひととりばし》の戦い）。

前当主の横死と手痛い敗北は、伊達氏にとって大きな不祥事となった。しかも蘆名氏と敵対したことで政宗はほぼ孤立し、南奥諸氏との間は一気に緊迫したのである。これほどの代償を払ってまで、政宗が大きくターゲットを変えたのは何故だったのだろうか。

この時期の伊達氏の史料をめくっていると、「関東」というフレーズが頻発していることに気がつく。小手森城陥落を告げた最上義光宛ての書状で政宗は「この勢いのまま関東も平定できそうだ」と述べている（『仙台』二一）。また政宗側近の片倉景綱《かたくらかげつな》も、翌年三月には「当家は去年の秋以来、関東に向けて出陣中である」と述べている（『伊達』三三七九）。伊達家にとって仙道《せんどう》地方への侵攻は、関東進出を念頭に置いた武威として語られているのだ。

ここでの関東とは、伊達氏の新たなライバルとなった佐竹氏をも意味している。政宗は、この頃から伊達―北条間の通交を進展させていった（［小林一九九七］）。北条氏もまた、家康と結んだことで北関東へ進出しやすくなっており、佐竹氏ら反北条氏勢力を挟撃・牽制するパートナーとして、伊達氏に期待する部分が少なくなかった。互いの「本意」を遂げるため、両者は戦略的に手を取るのである。かくして、無理を押してでも仙道の攻略を果たそうとする政宗は、関東問題においてもキーパーソンとなった。反北条氏の立場をとる北関東の諸氏にとっては、当然ながら厄介な存在になっていくのである。

秀吉の紛争調停と軍事的圧力

一方、常陸《ひたち》の佐竹義重は、いち早く秀吉に通じており、事あるごとに連絡を取り合っていた。佐竹氏をはじめ、反北条氏派の関東諸氏と連携している秀吉が、天正十四年三月の時点で「関東に至るまで秀吉の指揮下に入り」と言っているのは（第一章）、北条氏を除けばあながち虚言でもないのである。その義重によって、政宗の仙道進出も反北条氏方への圧迫として秀吉に報告された。それに対する秀吉の返信を次に掲げよう。

先月七日の返札が届き、中身を確認した。さて蘆名氏と伊達氏とが、長年の抗争を続けているとのこと。天下静謐のところに相応《ふさわ》しくない事案であり、早々に停戦するように取り扱う必要がある。領国の境界領域については、現在の知行に従って取り決めるが、もしそれぞれに言い分があれば、その旨を返信に添えて使者を派遣するようにせよ。近々富士山を一見するつもりなので、詳しくはその時に命じよう。

（【史料14】〔天正十四年〕四月十九日付け佐竹義重宛て豊臣秀吉書状）

三月七日付けの義重書状への返信であるが、三月上旬といえば政宗が二本松領の攻略に取りかかっている頃にあたる。一方の義重は、北条氏らに扇動された常陸の諸氏の鎮圧に手間取り、軍勢を南奥に差し向ける余裕などなかった。義重は秀吉に政宗の非法を訴えることで事態の鎮静化を図ろうとしたのだろう。秀吉はそれに応える形で、伊達―蘆名の和睦調停への介入を佐竹氏に命じたのであった。

ただ、ここで記された内容は興味深い。文書の最後に記された「富士一見」は、前年から秀吉が関東の諸氏に送る書状には定型文のように出てくるフレーズである。かつて室町幕府の将軍が関東に圧迫を加えようとするたびに持ち出された「富士一見」に倣ったもので、秀吉の場合も、素直に臣従を表明しない家康に対して、自身の出馬をほのめかす言葉として多用していた。軍事的な脅しをかけて、家康や北条氏の帰趨を有利に運ぼうというのである。伊達―蘆名間の仲介を義重に命じ、境目調整は当知行（現在の支配領域）による方針を示しつつ、やはり基本は軍事的な圧力によって東日本の「天下静謐」を実現しようとしていたことは明らかであろう。ここでの静謐も、第一章で検討したように、争いのない平和な状態で、秩序を守り、ひいては秀吉への主従関係が構築されている社会という意味で解釈できる。

上杉景勝の上洛と「三家和睦」

ただし、この書状には注意すべき点がある。藤木久志氏も指摘するように（［藤木一九九五］）、この書状は「上杉家文書」に伝来しているので、実際には佐竹義重のもとに届けられなかったと考えられる。上杉景勝は佐竹義重ら反北条氏の諸氏にとって盟主的な立場にあり、また前年に秀吉の越中攻めに協力して以来、豊臣政権内部では奥羽・関東の取次役に位置づけられていた（［竹井二〇一二］）。書状の伝達を秀吉から託されながら、景勝がそれを履行しなかったのは、藤木氏の推測するように、南奥において佐竹義重の発言力が大きくなるのを懸念したためなのであろう。

また、この時期、上洛の準備で慌ただしくしている景勝側の事情も影響したのかもしれない。前年八月には越中まで出陣してきた秀吉への参陣で済んだものが、この時の景勝は、政権からの要請で秀吉の本拠まで出仕しなければならなくなっていた。前章で見た毛利輝元の動きと同じように、景勝も一段ずつ、秀吉への臣従の階段を上っていたのである。

景勝上洛によって佐竹ルートが停滞したためか、六月上旬、秀吉は信濃の小笠原貞慶《おがさわらさだよし》を通じて南奥問題に介入した。そこでは「三家（伊達・蘆名・田村）」の和睦が要請されており、豊臣政権が伊達氏に対して停戦を命じたことは明らかである（『福島』「青山文書」四七）。ただ、南奥ではすでに前年末から停戦にむけて調整が進められていた。具体的には相馬氏らが仲介する形で、伊達氏・田村氏と蘆名氏らとの間で交渉が行われていたのである。いわば地域の自浄作用としての調停であるが、結果的にはこちらが先行して七月中旬には諸氏の間で合意が形成された。政宗が占拠した二本松領は領有が認められ、軍事的な緊張は一時的に緩和したのである（［垣内二〇一七］ほか）。

ただ、上洛した景勝は従四位下左近衛権少将に任じられるとすぐに、越後国内の新発田《しばた》氏との緊張が高まったためとして帰国した。まもなく景勝は、政権から「関東諸家中幷伊達・会津御取次」を務めるように命じられる。関東の反北条氏方と強いパイプを持つ景勝は、彼らと秀吉のあいだを取り次いでいたが、以後は奥羽の伊達氏・蘆名氏の取次をも担当することになった。秀吉は、四月時点で佐竹義重に命じた伊達―蘆名間の仲介役とは別に、景勝を用いて、その服属を促すことにしたのである（[矢部二〇〇五]）。政権側でも南奥羽対策の重要性を認識したのであろう。

徳川家康「赦免」に揺れる東国

また天正十四年は、秀吉と家康の関係も大きく動いた年であった。五月に秀吉の妹旭姫が嫁ぎ、縁戚となったことで秀吉―家康関係は改善された。これが関東の諸氏に大きな影響を及ぼすようになる。

この年五月、秀吉は白河義親に次の書状を送っている。

下野佐野氏の跡目問題につき、佐野家中が秀吉に同意し、安心している。何かあった時は白河氏も丁寧に対処するように。徳川家康のことは、いろいろと秀吉との縁組まで懇願してきたので、誓約の起請文《きしようもん》や人質までを厳しく取り立てた上で「赦免」してやった。これにより関東の件は、近日中に使者を派遣して、諸氏の境目を確定するので、「静謐」な状態になろう。もし抵抗する者がいれば、急ぎ厳命を下すつもりなので、その間は軽はずみな軍事行動をしないように。詳細は山上道牛に言い含めておく。なお増田長盛・石田三成からも副状を出す。

【史料15】〔天正十四年〕五月二十五日付け白河義親宛て豊臣秀吉朱印状

文中では佐野氏の跡目問題、家康の「赦免」、関東「静謐」という三つのテーマが語られている。これらの関連性を探るために、この秀吉書状を受けた義親の返書案を確認してみると、そこには危機感が溢れていた。義親ら秀吉に通じてきた「関東」の「御一味」とは、すなわち反北条氏派である。北条氏の勢力が増しているなかで対策が先送りされれば我等（反北条氏派）は「滅却（滅亡）」してしまう、かならず今年秋までに秀吉の「御下知」を出すようにという切実なものだ（『白河』九七三）。反北条氏方の諸氏にとっては秀吉が頼みの綱であり、その秀吉が家康と和睦してしまうと、北条氏の侵攻をも暗黙のうちに認めてしまうのではないかという危惧があったのであろう。

では、秀吉が彼らに軽挙妄動を禁じ「静謐」を命じた理由は何か。それは、ようやく縁組にまで漕ぎつけた家康に、スムーズな上洛を促すためだったと考えるのが自然である。いま関東で紛争が勃発すれば、家康に口実を与え、また上洛を引き延ばすに違いない。まずは最優先事項である上洛実現に向けて、後背地の環境を整備し、ことを荒立てるなという命令なのだ。

ここから、佐野氏の跡目《あとめ》問題と関東静謐とが、家康「赦免」をカギにした一連のテーマであることが分かる。この年の正月に当主が急死した佐野家中では、跡目をめぐり北条氏派と佐竹氏派に二分したという。佐竹氏との関係性を踏まえれば、秀吉は佐竹氏からの継嗣を支持しそうだが、あるいは譲歩案として、北条派当主擁立を黙認したのかもしれない。実際に佐野家を継承するのは北条氏忠（氏政弟）であり、かりにこの時秀吉が佐竹派を支援していれば、北条氏との対立原因として後々までの遺恨となりそうなものが、以後小田原攻めに至るまで佐野問題への言及は確認されない。秀吉は多少のことには目を瞑ってでも、家康の上洛を優先させたかったのではないだろうか。

そしてもう一つ重要なことがある。論者によっては、この秀吉朱印状をもって関東「惣無事令」の初発とする見方もあるが、しかし秀吉はそれを「静謐」といい、「惣無事」とは呼んでいないことだ。これはあくまでも反北条氏派の軽挙妄動を禁じたものであって、戦争中の当事者に停戦を命じるものではない（［藤井二〇一〇］）。家康「赦免」という神経を使う状況下で、上洛に向けた環境整備として関東「静謐」の維持を命じたとするのが、史料には忠実なところである。

家康の上洛と東国問題の新展開

白河義親の危惧は、ひとまず杞憂《きゆう》に終わった。この天正十四年の秋から冬にかけて、家康が重い腰を上げて上洛し、これにより東国問題が大きく動いたのである。その激変の様子を、やはり豊臣政権の関係者が出した「赦免」を知らせる書状によって確認してみよう。

これまで書信を送ったことはありませんが、お送りいたします。そもそも去年、九州の島津氏を御追罰するため、秀吉様が御動座されたところ、島津義久は豊臣の陣中へ駆け込み、懇望されたので、その場で「赦免」と決め、豊臣配下の大名となりました。誠に中国大陸までの平定が目の前に迫っているかのような御威光です。さらには関東・奥両国の「惣無事」について命じられたので、ご承知おきください。ついては関東・奥両国の諸大名が、もし秀吉様へ言上をされるのであれば、我等が「取次」を務めるように命じられておりますので、使者を派遣して伝達いたします。急ぎ御使を上方に送られれば、秀吉様からの「御書」などを用意いたしましょう。この他にも私でできることならば、御用等をお知らせくだされば、微力ながら務めます。詳しくは使者に言い含めたので省略します。

（【史料16】〔天正十六年〕四月六日付け白河義親宛て富田一白書状）

秀吉の家臣である富田《とみた》一白《いっぱく》から白河義親に宛てた書状で、前年〔天正十五年〕の九州攻めと島津義久の「赦免」、秀吉が関東・奥羽に「惣無事」を命じたこと、関東・奥羽の諸大名が秀吉に言上する際には富田自身が「取次」を務めることなどが記されている。関東・奥羽の諸大名が秀吉に使者を派遣すれば、秀吉から「御書」が出されるよう、富田が奔走するともいう。

お気づきのようにこの富田書状と、二年前に出された秀吉の朱印状（【史料15】）とは、ともに白河義親宛てのものだが、二通を読み比べてみると疑問点が出てくる。すでに二年前の時点で、白河義親は秀吉と密接に結びつき、直接の「御書」を受け取る関係性を築いていた。それにもかかわらず富田は、わざわざ初めての書信を送り、以後、自身が「取次」を務め、秀吉「御書」の調達に奔走するというのだ。二年前に秀吉朱印状は増田《ました》長盛《ながもり》・石田三成から副状が出されているので、増田・石田が白河義親ら反北条氏派諸氏の取次役だったはずである。正規の取次役変更であるならば、前任者から詳しい経緯を引継ぐのが自然であろう。

ここから浮かび上がるのは、富田一白が、秀吉と白河義親の関係性を十分に認識していないまま、書状を送ったのではないかという疑念である。しかも文中では白河氏特有の事情などは何も触れられておらず、宛所を変えれば、そのまま他の諸氏宛てに転用できそうな文章となっている。おそらくこの富田一白書状は、複数の諸氏宛てに一斉送付されたうちの一通だったのではないだろうか。

もう一つ不自然なのが、前半部での、九州攻めの武威の強調である。九州攻めの経緯は秀吉が前年六月に結城《ゆうき》晴朝《はるとも》に報告している（『秀吉』二二五四）。同じ結城一族で、秀吉の「御一味」でもあった義親にはすでに報告されていた可能性が高い。秀吉が武威を強調した書状を送る時は決まって、服属を募り、また従属の度合いを強めようとする狙いがあったのだが、ここでは富田一白は九州攻めの武威を振りかざし、誰の服属を進めようとしていたのだろう。

つかみにくい「惣無事」の年次

これは文中の「惣無事」をどのように理解するかという問題と絡んでくるので、その検討のため、関連史料を示そう。まずは秀吉が、伊達政宗側近の片倉景綱に宛てた書状である。

そちらから富田一白への書状を確認した。関東惣無事の件を、今度徳川家康に命じたので、その旨を通達する。もし違背する者がいれば、成敗を加えるので、よくよく承知せよ。

【史料17】〔天正十五年カ〕十二月三日付け片倉景綱宛て豊臣秀吉書状）

家康が関東惣無事を担当することになった旨を、秀吉から伊達氏に通達するものである。同日付けでほぼ同内容の秀吉判物が、南奥の岩城氏や下総の結城氏にも出されており、広く関東・奥羽の諸氏に出されたことを推測させる。

ここでの関東「惣無事」が問題となるが、その内容的な検討は後に回し、まずは年次の問題を考えてみよう。この秀吉判物は短文なこともあって発給年次を決めがたい。藤木久志氏は天正十五年のものとした（［藤木一九八五］）が、その後に出された批判では天正十四年説、十五年説、十六年説が出され、現在は十四年説が主流となりつつあるようである（［竹井二〇一二］ほか）。しかし、いずれの説も状況証拠を積み上げたもので、決定的な論証とまでは至っていないようだ。そのため十四年説も万全とはいえず、かりに十四年とすると遅くとも同年秋までに富田一白から片倉景綱への書信が出され、それに対して片倉から返信が送られたことになるのだが、十四年段階の伊達氏関係史料でその徴証は確認されない。一方で十五年九月には政宗から秀吉に書信が送られており、この点では十五年説に分があるようである（［小林二〇〇三］）。

より直接的な根拠としては、さきほどの富田一白書状（【史料16】）がある。文中で富田は九州攻めと大陸まで平定しそうな政権の勢いを告げ、「さらには」、関東・奥両国への惣無事を命じたことを通達する。富田の認識によれば、九州攻めの成功は惣無事を命じる前提なのであり、時系列として九州攻めよりも前に惣無事が来るのは不正確になろう。この惣無事と、秀吉判物（【史料17】）の惣無事とが同一のものである限り、それは秀吉が九州から帰った天正十五年七月から、富田一白書状の出される翌年四月までの間に出されるものとなる。

これらの点から、ひとまず秀吉判物は天正十五年十二月三日付けのものと仮定して先に進もう。九州を平定した豊臣政権にとって、まだ国内で服属を鮮明にしていないのは関東と奥羽だけである。そこに向けて、秀吉は惣無事を進めるように家康に命じたのだった。

家康と富田一白と「惣無事」

もともと惣無事とは、複数の無事（停戦）を意味する言葉だが、とくに関東から南奥羽にかけての地域で戦国期に使われているもので、戸谷穂高氏によれば「周辺諸領主が一堂に会して承認し合う」和睦形態の一つであった（［戸谷二〇〇八］）。地域社会で共有されてきた争乱の停止を促す作法であり、ローカル色の強い言葉となる。

そしてこの点は、藤木久志氏をはじめとした研究者が豊臣政権による「惣無事令」を論じるなかで、根拠とした史料にも通じるものであった。これらの史料のうち、文中で「惣無事」と明確に記したものは、家康と富田一白が関わるものに限られている。一方、たとえば豊臣政権から関東諸氏や伊達・蘆名氏の取次役を命じられた上杉景勝の場合、関連史料のなかで「惣無事」と明記したものはない。ここからは、豊臣政権の惣無事が、政権と東国との関わりのなかで、とくに家康や一白と密接に関連する言葉として出現したことが推測できよう。その点は、次の史料からも確認できる。

奥羽での惣無事について、わたくし家康が調停するように関白秀吉様より命じられたので、承諾し、（伊達―最上間の紛争に対し）まさに使者を派遣して和睦の調停をしようと考えていました。すると早速に停戦が実現したとのことで、結構に思います。とくに最上義光と政宗の関係は、伯父・甥の肉親であるので、ますます今後も相互に昵懇にされるのが必要です。（【史料18】〔天正十六年〕十月二十六日付け伊達政宗宛て徳川家康書状）

天正十六年に起きた伊達―最上間の抗争に対し、家康が「惣無事」を掲げて介入しようとしていたことを示すものである。家康の介入権限は、「関白秀吉様より命じられた」事実を根拠としているが、これはかつて、秀吉の九州停戦令が天皇の「綸命」によっていたことと

富田一白〔知信〕像（三玄院蔵、東京大学史料編纂所所蔵摸写）

同じ構造となっている。秀吉は家康に惣無事を命じたにすぎず、実際の介入や調停は家康の裁量に委ねられていた。

それでは豊臣政権のなかでもう一人、熱心に惣無事を語っていた富田一白はどうだろうか。じつは彼もまた、家康と関わりの深い人物であった。もともと織田信長に仕えていた一白は、本能寺の変後に秀吉に出仕するようになったとされ、その経験からか小牧・長久手の戦いでは織田信雄や家康との交渉で使者を務めている（[谷口克広二〇一〇]）。この人脈をもとに、秀吉妹の輿入れの際には付き添って浜松まで下っており、秀吉―家康間の交渉にも関与した。政権内で家康に顔が利く人物として、家康の臣従後は、家康とともに関東・奥羽問題をも担当するようになったものと考えられる。輝宗の時からの付き合いがあった伊達氏をはじめとした奥羽諸氏に、一白の方から惣無事を掲げて接近したことが確認・推測される。

どうやら豊臣政権の惣無事とは、政権が関東・奥羽の諸氏の服属を進めていく過程で、とくに家康と富田一白が地域に介入していく際に掲げた看板だったのではないだろうか。

富田一白の野心

ここまで確認できたところで、天正十六年四月六日付けの富田一白書状（【史料16】）に戻ろう。この書状は、おそらく富田一白が白河氏を含む複数の諸氏に宛てて、一斉に送ったものと推測された。そこでは、九州から中国大陸まで平定しそうな秀吉の武威を掲げ関東・奥羽への惣無事を通達するだけでなく、富田自身が諸氏の「取次」となる意向が示される。しかし白河氏は、これ以前から秀吉に通じていた関東の親秀吉派（反北条氏派）であった。同じく反北条氏派に属した結城氏に宛てたものには、秀吉が（天正十五年）十二月三日付けで「惣無事」の家康への委任を通達した一通が残り、そこでは冒頭に「そちらから石田三成への書状を確認した」、文末には「三成からも申し伝える」となっており（『秀吉』二〇三八）、これはこの時点で、結城氏らの取次が石田三成だった証拠となる。反北条氏派の諸氏は石田三成を取次役として、秀吉から「御書」を発給される立場を獲得しており、九州攻めの成功もすでに入手していた可能性が高い。こうした相手に、わざわざ富田一白書状が出される必然性は低く、この点が疑問とされたのであった。

だがここに、家康と富田一白が関東・奥羽に介入していく際に掲げた看板が惣無事だったのではないかという見通しを重ね合わせると、また別の光景が見えてくるようだ。天正十四年までに秀吉と通じていた諸氏の多くは反北条派であり、北条氏の同盟相手であった家康とは疎遠だった。ところが秀吉に臣従した家康が関東・奥羽の惣無事を担当したことで、彼ら反北条氏派は家康とも通交しなければならなくなり、秀吉との既成のコネクションに加えて、新たな家康ルートへの対応を迫られるのだ。惣無事を掲げることは、彼らを含めた関東・奥羽の諸氏との関係性を創出することにつながるのである。

おそらく富田一白は、これを好機と捉えたのだろう。惣無事という看板によって地域への強い介入が可能となったことで、すでに秀吉と通じ取次関係が確定している諸氏に対しても、自身が新たな取次になることを目論んだのではないだろうか。それほど強引な真似をしてまで、取次役を獲得することに旨味があるのかは判然としない。だが豊臣政権において取次は、単なる介在者という以上に、後見役として大名たちが政権の意に沿った行動を取るように指南し、時には政権内部の情勢を伝え、大きな影響力を行使しうる存在である（[山本博文一九九〇]）。受け持つ取次の数量に従って、当然ながら政権内部での発言権も高まり、富田一白のような官僚的な武将にとってみれば、取次を増やすことは自身の栄達とイコールだったのかもしれない。

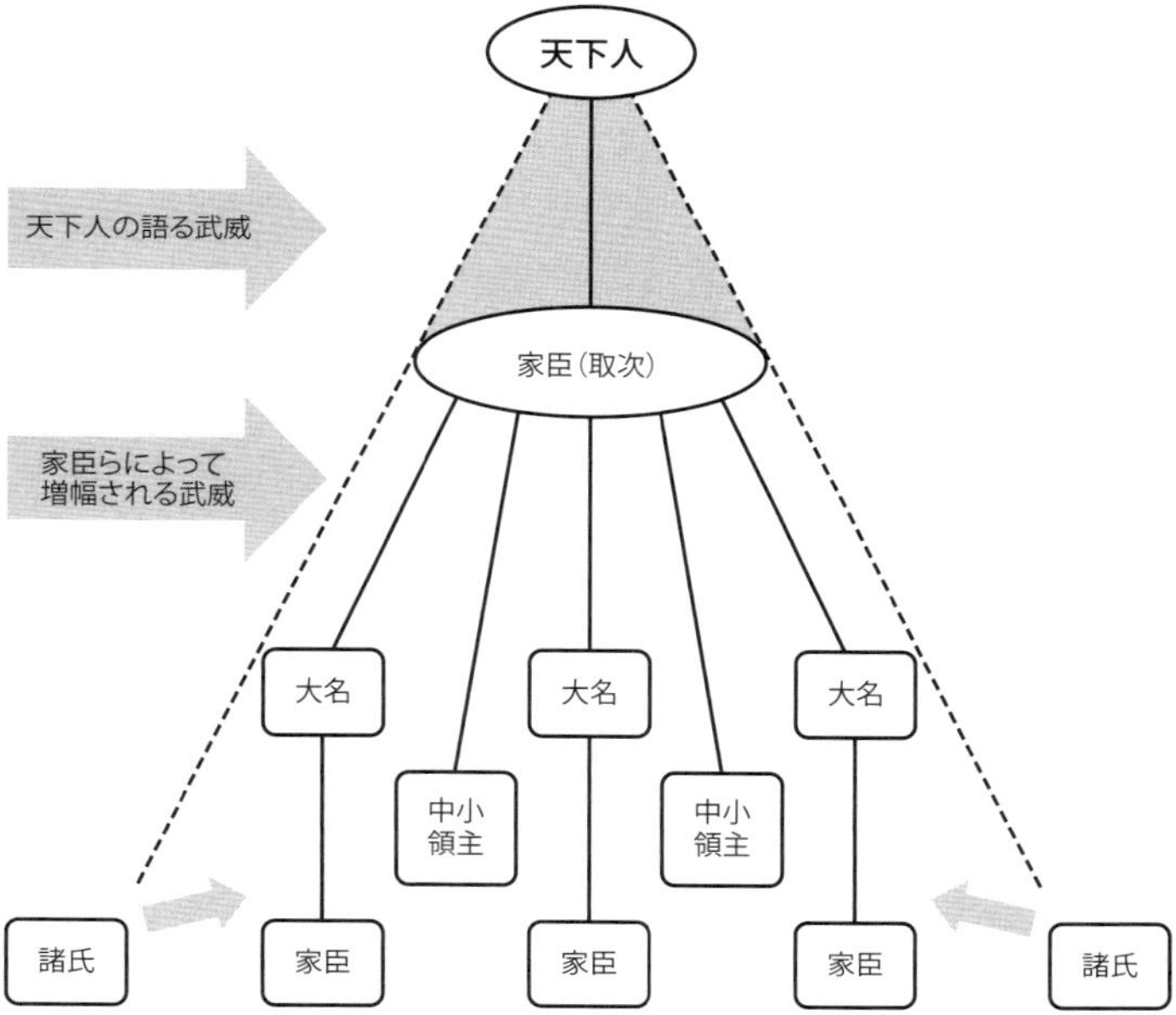

武威の広がりの概念図
諸氏を取り込もうと、天下人の武威は増幅して語られていく。

富田一白が乗り込んでいった関東・奥羽は、当時の日本の枠組みのなかで、唯一残された政権に服属していないエリアだった。取次役を新規に獲得できる草刈り場となった最後のフロンティアにおいて、そこに割拠する諸氏を手なずけて、いかに服属を進めていくか。それは一白にとっても重要な関心事である。その時、家康に連なる一白が掲げた看板が、地域に強く介入しうる惣無事という文言であり、諸氏を取り込むために増強した武威を語っていたのではないか。

それは関東・奥羽「惣無事令」なのか

以上、惣無事に関する史料を突き合わせてみると、いろいろな問題が浮かび上がってくるといえる。こうした史料状況にある惣無事から、藤木久志氏は、関東・奥羽の広域に停戦を命じ、境目の裁定を豊臣政権に委ねるべしとする、基本政策としての「惣無事令」論を組み立てていったのである。ここで、私見と藤木説との相違点を少し整理しておこう。

まず関東・奥羽では、島津―大友という大名同士の対立軸があった九州とは異なり、天正十五年から十六年にかけて大規模かつ長期化した広域戦争は確認されず、せいぜい既述の伊達―最上間の紛争が目立つ程度である。看板として惣無事を掲げながら、介入して調停するべき具体的な戦争が不在であるとすれば、それは「静謐」を維持するための名目、小競り合いの停戦を促すスローガンといった程度のものであろう。

そこに踏まえる必要があるのが、豊臣政権と関東・奥羽との仲介者としては後発組にあたる、家康・富田一白の思惑である。とくに富田一白は、かなりアグレッシブに関東・奥羽の諸氏とのコネクションを自身の手で形成しようとしていた。一白は惣無事を大義名分として諸氏に書状を送り、また自身の使節を派遣していたことが確認されるのだが、その狙いは惣無事の趣旨であるはずの紛争調停よりも、自身が担当する取次役の獲得にあったと考えられる。

これを、時系列に沿って復元してみると、次のような流れになる。天正十五年十二月、秀吉は家康が関東・奥羽の「惣無事」を担当する旨を諸氏に通達した。ただし藤井譲治氏によれば、この時点では、諸氏のうち政権側に「なんらかのコンタクトを執ったものにのみ」「個別」に通達されたにすぎない（[藤井二〇一〇]）。これ以前に家康は、この年二月の時点で、秀吉から「関東無事」を担当するように命じられており、緊張関係が続く北条氏への対応を含めた関東問題を担当していた（[中野二〇一五]）。それが十二月になって、担当が奥羽領国にも広げられたのである。同じ十二月、富田一白は、それまで通交したことのない越後本庄氏や陸奥の相馬氏に宛てて、惣無事通達のためとして使節派遣を連絡した。年が明けた天正十六年、関東では北条氏の態度が軟化し、三月に家康を通じて恭順の意が伝えられた。これを受けて富田一白は四月六日、反北条氏派の諸氏に対し惣無事を掲げて一斉に介入し、自身が彼らの取次となるべく関係の再編を目論んだのである。

このように整理すると、藤木氏がいう広域的な地域停戦令としての「惣無事令」と合致するのは、政権が基本政策として打ち出したものというよりも、じつは富田一白が看板として掲げていた惣無事であるように思われる。しかもそこに至るまでの間に、惣無事は家康と富田一白によって段階的に範囲を拡大させていったものと考えられ、対象となる人物も地域も、彼らが政権への服属を促す過程で膨張させていったものといえよう。

藤木氏は、豊臣政権の関東・奥羽政策のなかでとくに家康・富田一白が関わる場面でのみ見られる惣無事を抽出し、その意味するところを広げ、九州停戦令（これも断片を拡大解釈したものだが）によって肉付けし、「惣無事令」論を作りあげていった。こうして形成された「惣無事令」論は、惣無事という言葉が印象的に響く反面で、具体的な史料の裏付けを持たないため、抽象的な概念としてしか定義することができない。あらためて、史料との整合性が問われてくる説なのである。

北条氏の従属と領国の確定

豊臣政権の奥羽政策に話を戻そう。難航していた北条氏と豊臣政権の交渉は、天正十六年の夏になって動き始めた。ついに北条氏からの使節上洛が決定したのである。

遠路はるばる使者を上京させ、しかも白鳥十羽・刀一腰《ひとこし》を献上されたこと、嬉しく思う。

さて関東の事は、北条氏がとにかく秀吉の上意に従うと恭順してきたので、早速に政権からの使者を国々に派遣し、関東の仕置きを厳しく命じるつもりである。その際は、国《くに》衆《しゅう》らで相談し支援をするように。なお詳しくは増田長盛から副状を出す。

（【史料19】〔天正十六年〕閏五月二十六日付け白土右馬助宛て豊臣秀吉朱印状）

秀吉が、南奥の岩城氏家中の白土《しらと》氏に与えた朱印状である。白土氏も前年十二月三日に秀吉から家康への「惣無事」委任を通達された一人で、その時は富田一白が取り次いでいたが、今回は増田長盛から副状を出している。ここからも、やはり富田一白は家康の「惣無事」に関するテーマを専門的に取り扱う場面でのみ取次となり、それ以外は既存の取次役が担当していたと考えられるだろう。

さて、この書状では北条氏の恭順と関東の仕置き（支配体制の構築）とがセットになって語られている。関東に仕置きを行って諸氏の領国を確定させれば、諸氏はすべて秀吉に臣従したことになり、関東の平定は目前に迫っていたといえよう。八月、北条氏規《ほうじょううじのり》（北条氏政の弟、氏直の叔父）が当主に準じる立場として上洛すると、政権側はこれを秀吉の威光による「天下一統」と喧伝した（『旧記』後二―五〇四）。

九月二日、秀吉は佐竹氏・結城氏など関東の諸氏に宛てて、「北条氏がとにかく秀吉の上意に従うと恭順してきたので赦免したところ、服属のために氏規が上洛してきた。ついては関東に急ぎ政権からの使者を派遣し、諸氏の領国確定を命じるつもりである」と送った（『茨城』五、「佐竹義尚文書」一二）。さらに続けて、秀吉は関東の諸氏に上洛を促している。この時、関東では諸氏の服属が確定的となり、彼らの上洛と領国確定に政権の課題が移ったのだった。その直接の原因とは、いうまでもなく北条氏との交渉成就であり、「赦免」を象徴する氏規の上洛である。これが家康らの惣無事による成果とされなかったことは、九月二日付けの秀吉朱印状で関東諸氏に送られた副状の発給者が、富田一白ではなく石田三成であった点からも明らかであろう。

時を同じくして、奥羽の伊達政宗のもとにも豊臣政権から上洛の催促が届くようになった。政権による服属交渉は、ステージを関東から奥羽に替えて展開していく。

政宗にも届く上洛の催促

天正十六年九月、秀吉の近臣である施薬院全宗《せやくいんぜんそう》は、伊達政宗に宛てて書状を送っている。

それ以後は特に要件もなく無沙汰をしておりましたが、坂東屋道有が下向するというので一筆啓上します。京都はますます「静謐」となり、九州の諸大名は在京しています。関東に対しても無事が実現し、北条氏規が上洛して服属を表明しました。ついては貴殿も、国元での戦争が一段落したならば、迷わず上洛されるよう、お待ちしております。

（【史料20】〔天正十六年〕九月十三日付け伊達政宗宛て施薬院全宗書状）

豊臣政権の統治によって、京都の「静謐」が進展し、九州大名の在京や、さらには北条氏規の上洛が実現したことを伝え、政宗にも速やかな上洛を促している。政宗は前年九月に、秀吉に使節を送っており、この時の使節が施薬院全宗とも接触した可能性が高いが、以後は「無沙汰」の状態にあった。それがここにきて、にわかに政権から政宗上洛を要請しており、関東平定の進捗の余波が奥羽にも及んでいることが分かる。

十月になると、伊達―最上間の和睦成就を伝えられた富田一白からも、年明け早々の上洛を求められた（『伊達』三八八）。一白によれば、最上義光や岩城常隆も上洛の意思を表明しており、彼らに遅れるようなことがあれば、これまでの秀吉への気遣いも無駄になりかねないという。なお、ここでも一白は、秀吉との仲介や上方での所用で、必要であれば労を惜しまないとして、自分を取次役として売り込むことを忘れていない。やはり一白の職掌は、諸大名の無事（停戦）担当という限定的なものだけだったのであろう。

南奥羽では、この頃までに蘆名氏重臣の金上盛備《かながみもりはる》が上洛の途についている。蘆名氏当主の亀若丸が早世し、佐竹義重の二男義広が養子に入った天正十五年春から佐竹氏の影響力が強まり、一時悪化していた上杉景勝との関係も改善していた。豊臣政権からは、金上盛備に引き続いて新当主義広の上洛も要請されている。ほかにも、上洛の意向を表明していた最上義光は、天正十七年（一五八九）五月までには「殿下一段御懇ろ」とされるほどの親密な関係を築いていた（『伊達』五一一）。周囲の大名たちが秀吉の歓心を買おうと走り始めたなかで、政宗だけが出遅れていた感は否めない。

摺上原の戦いで勝ちすぎた政宗

政宗の立場をさらに悪くさせたのが、天正十七年六月五日に起きた合戦での勝利だった。岩城氏・佐竹氏らと連合して攻勢をかけてくる蘆名氏に対し、政宗は蘆名家中に内通者を確保すると一気に攻め込み、磐梯山麓の摺上原《すりあげはら》で激戦を繰り広げた。蘆名勢は重臣の金上盛備が戦死するなど大敗を喫し、当主の義広は黒川城まで引き上げるも動揺する家中をまとめることができず、脱け出して本家の佐竹領へ落ち延びてしまう。入れ替わって黒川城に入った政宗は、白河氏ら諸氏に服属を勧め、同年のうちに岩城氏・相馬氏らを除いた南奥のほとんどを従えたのである。

この政宗の勝利は、藤木久志氏によれば「惣無事令」違反になるとされる。藤木氏は政宗が秀吉から譴責《けんせき》される史料を「惣無事令」違反者への制裁と位置づけ、そこから演繹して「惣無事令」の本質を見出そうとするのだが、では実際に読んでみるとどうだろうか。

【史料21】〔天正十七年〕七月四日付け伊達政宗宛て豊臣秀吉書状案）

会津に「乱入」したとのことだが、どのような事情によるものか。蘆名氏は、数年前から秀吉に好《よしみ》を通じ従属を表明している者なので、政宗に不満があれば秀吉に言上し、実情を調査して秀吉が判断すべきところであるにもかかわらず、今度の侵攻はどうしようもないことである。個人的に遺恨があっても、むやみに占拠するのは言語道断であり、速やかに伊達勢は撤退するように。もしこの命に背くのであれば、上杉景勝勢をはじめとした軍勢を派遣し、急ぎ強制的に執行せざるをえないので、その意を汲むように。政宗のことは以前から秀吉の意に従うものと思っていたが、今回の侵攻は不忠と考えている。詳しく説明するように。なお富田一白からも副状を出す。

上杉景勝経由で会津攻略の報を受けた秀吉が、政宗を非難する書状である。ここでのポイントは、蘆名氏がすでに秀吉に臣従していることと、秀吉配下の大名間トラブルは秀吉が裁定を下すとの建前に立って、政宗の会津「乱入」を問い質している点だ。これを額面どおりに受け取れば、政宗が蘆名氏と戦争をしたこと自体が問題なのではなく、勝ちすぎて会津を占拠し蘆名義広を追い出したことが問題なのである。単純に、秀吉の関知しないところで領国を奪った行為が問われているのであり、そこで前提となっているのは秀吉―蘆名義広間の主従関係の存在であって、紛争停止命令の存在ではない点に注意しておこう。

政宗の行動で問題視されたのが、戦争そのものでなく会津占拠であったことは、政権側が政宗に求めた対応二点（①会津からの伊達勢撤退、②政宗の事情説明）からも明らかである。さらに秀吉は、上杉景勝勢を始めとした武力で政宗を威圧することも忘れない。実際にこの時、「もし政宗が従わなければ」という条件付きで、上杉景勝・佐竹義重に出撃準備の指示が出されていた（『福島』「佐竹文書」五二・五四）。

より積極的に動いたのは、石田三成である。蘆名氏遺臣の支援に乗り出した三成は、兵糧から鉄砲・弾薬までを送り込むだけでなく、「義広への忠節は、豊臣政権への奉公と同義であり、武功を挙げれば天下に鳴り響くぞ」と遺臣たちを鼓舞するほどであった（『福島』「新編会津風土記」一九〇）。政権側の三成自身が戦争をけしかけている事実に、戦争の全面停止を求める「惣無事令」が念頭に置かれているとは、とてもいえないであろう。

政宗ラインの返信は無視できない

藤木久志氏は、政権関係者からの発言すべてを「豊臣方」と一括的に理解しているのだが、実際に史料を読んでみると、蘆名氏に連なる上杉・佐竹らを支持する石田三成ラインと、政宗の取次にあたる浅野長政ら（政宗ライン）とでは、政宗の会津攻略に対する反応が異なっている。

急ぎの知らせの内容を拝読し、本望に思っています。このほど会津表で一戦の上、即座に蘆名領を領有されたとのこと、大変結構なことです。この件を秀吉様にご報告したところ、蘆名義広のことは、さきごろ秀吉様に臣従の意を示し、秀吉様も御存知の人物とのことです。遠国だからといって、政宗個人の宿意によって攻略したことを不審に思っておられるとの仰せでしたので、今回の経緯を私が取り計らって詳しく申し上げました。なによりも政宗から直接事情を説明するべきですので、急ぎ使者を派遣されて、施薬院全宗と富田一白と相談のうえ、秀吉様のご理解を得るようにしてください。油断は禁物です。こちらの情勢は良岳と坂東屋道有に申し含めましたので、詳細は省きます。

上杉ルートでの報告から十日遅れで届けられた、政宗書状に対する前田利家の返信である。目を引くのは、利家自身は政宗の会津攻略を「大変結構なこと（「もっとも珍重に候」）」と言っていることだ。富田一白も同様の表現（「もっともに存じ候」）をしていて（『伊達』四二五）、合戦の勝利そのものは寿《ことほ》ぐべき目出度《めでた》いことなのであり、そこに惣無事令抵触を危惧するような意識はない。利家の立場からはただ、蘆名義広がすでに秀吉に臣従していた人物であり、結果的にその居城から追放した事実を問題視するのみである。

また、三成ラインでは政宗の会津撤退が命じられていたが、利家はともかくも弁明の使者を送るように求めるのみで、撤退には触れない。これは翌日付けの施薬院全宗書状でも同様である。

【史料22】〔天正十七年〕七月二十一日付け伊達政宗宛て前田利家書状

蘆名義広は、以前より「御礼」を遂げ、秀吉様も「御存知」の人物です。その義広を私的な遺恨で追放してしまったことで、秀吉様はご機嫌を損ねています。秀吉様は天皇から「天下の儀」を担当するように関白に任じられたのですから、戦国の世とは異なり、豊臣政権の裁可を経なかったのは政宗の大きな過失です。ついては使者を上洛させ、申し開きをするべきでしょう。もちろん派遣は政宗次第ですが、これまで秀吉様が目を懸けてきたことを忘れてはなりません。

【史料23】〔天正十七年〕七月二十二日付け片倉景綱宛て施薬院全宗書状）

この時、政宗ラインで発信されたものに会津撤退を命じたものがないことは、政宗の恭順を引き出すための甘言というよりも、豊臣政権内部でのダブルスタンダードと解釈すべきであろう。会津撤退は、あくまでも蘆名義広の復権を目指す強硬派が掲げているだけで、かりに政宗の弁明で蘆名討伐に理があれば、会津領有を否定することはできないと考えるものもいたのである。ここからも、政権内部で共有されているような惣無事令を想定することは難しいだろう。

政宗自身が上洛せよ

政宗は八月、あらためて弁明の使者を派遣している。この時の政宗の言い分をもとに、使者たちが上方で練った弁論ポイントは大きく三点あり、①蘆名氏は政宗にとって「親の敵」であるだけでなく、近年は周辺諸氏を語らって政宗を包囲する攻撃を仕掛けていること、②

伊達氏は足利将軍家より奥州探題に任じられており、中央政権による奥州統治の要となること、③上杉氏が蘆名氏の遺臣支援として伊達領に軍勢を出しているため、政宗は対応に追われて上洛準備が進んでいないこと、というものであった（『伊達』四三一）。③では政宗の「上洛」が記されているが、七月の時点で政権側から送られた書状には上洛を要請する文言は見られなかった。おそらく「本心では政宗は上洛を希望している」という低姿勢ぶりをアピールして、秀吉からの評価を高めようというのだろう。

これに対し、政権側がひとまずの回答を出したのは、十一月上旬である。政宗が持つ蘆名氏への遺恨に理解を示すも、政宗の主張だけで会津領有を認めては、中国大陸をも従える秀吉の主君としての公正さに傷がつくとして、あらためて双方の言い分を聞き、ついては、ともに小競り合いを停止して弁明の使者を派遣せよ、そうすれば、これまで秀吉に好を通じてきた政宗も不利になることはあるまいというものだった（『伊達』四四〇）。この時点でも、まだ政宗への上洛要請は明文化されず、政権が会津の処遇を裁定するという基本路線は変化していない。この方針を聞かされた政宗は、主張内容は前回と同じとして使者派遣を渋るだけでなく、蘆名側の取次に不公正な点があるとして不満を表明している（『仙台』五七六）。

しかしこの時、関東方面で火種が暴発した。政権と北条氏との関係が悪化し、軍事征伐へと突き進もうという事態になったのである。再審議になったかに見えた会津問題も、まるでこれを待っていたかのように、十一月下旬に方針が転回される。総数十六万騎の豊臣勢による北条攻め計画を知らせるとともに、それまでに政宗自身が上洛せよと強いトーンで要請してくる。政宗に上洛を迫る前提となるものが、大規模派兵による軍事圧力であることは明らかであろう。政権側は武力で北条氏を威圧するだけでなく、会津問題も一挙に解決しようとしたのだ。

政宗、小田原に出馬する

北条攻めへと方針転換された内容が伊達領国へ届けられたのは、年が明けた天正十八年（一五九〇）正月であった。この時すでに上方では、秀吉の出馬予定日がかつての九州攻めと同じ三月一日と定められ、二月には家康らが先発して出陣することも決定していた。これにより豊臣政権の面々からの上洛要請も、政宗の出馬要請へと変わっていった。「会津問題については、これまでと同じ方針で臨むとの、秀吉様からの内意」を伝え、政宗には会津から下野方面への出馬を促している（『伊達』四七二）。二月下旬になると、さらに政権側は言葉巧みに政宗の出陣を誘い、「出馬の上で秀吉様への忠節によっては、会津どころか、別の国も褒美に安堵されるかもしれない」（『伊達』四七九）とまで言い出す始末であった。

さすがの政宗も、これは伊達―北条間の連携を防ぐための甘言であると見抜いていたであろう。政権が政宗勧誘に一丸となっていたわけではないことは、石田三成が一月十三日付けで蘆名氏遺臣に送った書状のなかで、「北条氏が秀吉様の御下知に従わないので、来月上旬に家康・景勝を始めとした軍勢を進発させ、三月一日には秀吉様も御出馬される。北条の成敗はすでに既定路線であり、そのまま会津黒川へ軍を進め、政宗の首を伐るとの方針が決まった。ついては今少しの辛抱であるので、油断なきように」と発言していることからも明らかである（『福島』「新編会津風土記」五）。

政宗と伊達家中が出馬を決めたのは三月下旬のことだったが、政宗の家族間のトラブルと経由ルートの選定ミスなどが祟り、小田原城を囲む秀吉のもとに政宗が駆けつけた頃には、すでに六月を迎えていた。秀吉が箱根峠を越えてから二ヶ月以上も遅れた到着である。通説では秀吉への拝謁時、政宗は失態を詫びるために白装束に身を包んでいたというが、それを裏付ける確実な史料は無く、小早川隆景の書状には「奥州伊達」が「御礼」を遂げたとだけ記されている（『旧記』後二―六七〇）。

第一章でみた島津義久と違い、政宗は出家をせずに秀吉への服属を果たした。政宗も義久と同様に、この直後に人質として妻子を上洛させているが、服属の作法が異なっていることは興味深い。五十路を曲がり切った義久と二十歳そこそこの政宗という年齢の違いもあろうが、やはり、天下人への対立の度合いによって、求められる服属の作法にも差をつけていたのではないだろうか。政宗はすでに秀吉に好を通じ、摺上原の戦いも勝ちすぎて蘆名義広を追放したことが問題とされてはいたが、合戦そのものは政権に楯突いたものではなかった。政権側が違反を咎めるような、一貫したルールの存在は認めにくい。

秀吉の奥羽仕置

ただ、北条氏が降伏する直前になってようやく参陣した政宗は、秀吉への「忠節」が十分であったとはいいがたい。結果、政宗へのペナルティとして、戦後処理においては会津などの領有は許されなかった。

その流れを見ておこう。小田原には政宗のほか、最上義光や南部《なんぶ》信直《のぶなお》も出仕し、ひとまずは陣中で秀吉への彼らの臣従が確認された。七月、小田原城を開城させた秀吉は、北上して宇都宮に進むと奥羽二国の仕置きに着手した。宇都宮では、秀吉の朱印状で領国を安堵されたもの（南部氏・戸沢氏ら）、出仕を確認されたもの（安藤氏・相馬氏ら）、所領没収が決まったもの（大崎氏・葛西氏ら）など、仕置きの第一段階が行われている（［小林二〇〇三］）。

翌月、さらに秀吉は北上して会津黒川城に入った。秀吉は奥羽での仕置きの様子を島津義久に宛てて、次のように伝えている。

北条氏を誅伐したことへの祝儀として、太刀一腰と馬の代銀三枚が、奥州会津にまで届いた。遠路を無事に到着するよう配慮されたこと嬉しく思う。出羽・陸奥の果てまで豊臣勢を派遣し、その土地ごとに領主を定め、征服地での支配体制の構築を漏れなく命じた。伊達政宗・南部信直・最上義光をはじめとした諸氏からは妻子を在京させ、敵対する者もいなくなったので、明日には出立して帰京する。

（【史料24】〔天正十八年〕八月十一日付け島津義久宛て豊臣秀吉朱印状）

北条攻めという武力行使を契機に、出羽・陸奥の果てまで秀吉の支配下となった。豊臣の大軍によって短期間のうちに遠隔の奥羽で新体制が構築され、政宗ら地元の大名が臣従したことを、秀吉の武威として語っているのである。

懸案の会津領も政宗から剝奪した。既述のように秀吉は服属してきた大名には、現在知行している領地を本領として安堵する方針を掲げていたが、会津は秀吉の停戦命令以後に蘆名氏を追放して獲得した所領であり、小田原への遅参は忠節とは程遠いものであった。結果、秀吉は会津領だけでなく、政宗が天正十四年以降に獲得した二本松領などを没収している。

政宗に与えられた伊達本領は、父輝宗の時期の伊達領とされたのである。会津は、秀吉と近い蒲生氏郷に与え、政宗の監視役とした。

奥羽の仕置きでは、有名な「山のおく、海ハろかいのつゝき候迄（『浅野』五九）」というフレーズに象徴されるような苛烈な検地が行われ、豊臣方のペースで強権的に進められたかに見えるのだが、九州と同様に一定の配慮や妥協もあった。政宗の本領安堵はその最たるものだが、ほかに自分仕置きを許された点は特筆される。豊臣方によって奥羽各地の検地が実施されているが、政宗と最上義光・南部信直の領国には検地の痕跡がなく、特例的に自分仕置きを許され地域支配権を確保したものと考えられている（[小林二〇〇三] ほか）。

双方の妥協から落としどころを探ったはずの仕置きであったが、豊臣の軍勢が奥羽を離れる天正十八年の冬ごろから、大規模な一揆が相次いで勃発している。北奥では九戸政実が反乱を起こし、中奥では大崎・葛西一揆、出羽側でも仙北・庄内一揆が蜂起し、地域の大名たちでは対処に手間取り、ふたたび豊臣勢が出動することになった。一揆は翌年に鎮圧されたものの、豊臣の軍事力を背景に再度の仕置きが行われ、一揆への加担を疑われた政宗は本領のほとんどを剥奪された。政宗は一揆の激戦地となった葛西・大崎領を含む新領に移され、これが江戸時代の仙台藩領の原型となる。

このように、豊臣の軍事力を背景とした仕置きが行われ、軍勢が退却すると一揆がおこり、あらためて豊臣勢が出動して再仕置きに至る流れは、九州のそれと同じであった。秀吉の遠国政策は、軍事的な威圧を抜きにしては進まなかったのである。

喧伝の変質と政権の成長

ただし、豊臣政権の遠国政策として奥羽と九州とを比べてみると、秀吉の宣伝方法に大きな違いがあることに気がつく。九州では前年秋に豊臣勢が乗り込む頃から、戦線を鼓舞しようと「秀吉が一騎がけで乗り込み、島津の首を討ち果たしてやる」といった強い調子の秀吉書状を頻発していた。秀吉が出馬した後も、時々刻々の戦況報告を上方や東日本の大名たちに送り、平定後は大陸への侵攻を盛り込んだ武威として、熱心に発信していた。

ところが奥羽においては、こうした類の秀吉名義の書状は、史料残存量の地域差を考慮しても、徐々に減少していくように思われる。第三章で見る北条氏弾劾状のような長文で一斉に発給されたものはあるのだが、そのタイミングは特定の場面に限定されるような印象を受けるのである。

この違いは、どのように考えればいいのだろう。軍事的には、戦闘行為が広域かつ長期に及んだ九州攻めに対し、短期的に、おもに小田原城の包囲戦として進められた北条攻めといった違いがある。しかも九州攻めは大友―島津の対立軸の延長線上に展開しており、その都度、秀吉自身が戦線を鼓舞する必要があったのに比べると、関東・奥羽全体での対立軸は明確ではなく、北条氏は一時秀吉に服属していたため、そのような文書を出さずに済んだともいえるだろう。もちろん、九州攻めの時点では、まだ東日本が予断を許さない状況にあったために秀吉の武威を発信する必要があったが、北条攻めの時点では、国内から未服属の地域は消えており、そこまで執拗に武威を語らずとも済んだという事情もある。

ただ、関東・奥羽では時期的な違いに留意したほうが良さそうだ。関東・奥羽では当初、秀吉の書状が一定程度出されていたが、天正十四年に家康が服属し、翌年に九州攻めが終わる頃から、徐々に秀吉書状が減っていくようになる。この傾向は文面からもうかがうことができ、当初の長文のものと比べると、内容も分量もシンプルになっていくのである。

秀吉書状が減少していく代わりに、関東・奥羽では、石田三成や富田一白といった豊臣政権の官僚的武将たちの書状が増えてくる。それも、「中国大陸までの平定が目の前に迫っているかのような御威光です」「政宗の首を伐るとの方針が決まった」といった、秀吉の武威を猛々しく強調するものが多い。彼らが秀吉の武威を増幅して、代弁しているのである。これは秀吉の権威づけが進んで自身の書状発給がセーブされていくとともに、豊臣政権が統治機構として整備され、三成らの職掌が増えていったことを示しているのであろう。こうした流れのなかで「関東惣無事の件を、今度徳川家康に命じた」という秀吉の発言も、あらためて位置づけていく必要があるのではないだろうか。

ややや話がそれてしまったが、武威の語られ方に、政権の安定性や天下人の地位が反映しているという点は、納得いただけるのではないだろうか。ただ秀吉は、武威を語ることをやめたわけではなく、自身の口での武威発信を、きわめて限定された場面でのみ行うようになる。次章では、関東・奥羽への武威発信を三成たちに委ねていく時期に、あえて秀吉自身が発した長文の書状をテキストとして読み込むことで、この時の豊臣政権の状況を考えてみよう。

第三章　秀吉の武威と静謐

古くからの因縁の秀吉と佐々成政

まずは、一通目の主役となる佐々成政の略歴を確認しておこう。成政の生年ははっきりしないが、若い頃から織田信長に仕えていた（[谷口克広二〇一〇][萩原二〇一六]）。秀吉とは同じ織田家中の構成メンバーであり、信長が台頭していくにつれて、歩調を合わせて立身出世していった武将である。信長が越前を平定すると、成政は前田利家らとともに府中に配され、柴田勝家の北陸計略を輔佐する重要な役どころを任されており、さらに天正八年（一五八〇）以降は越中に移って、上杉氏に対する最前線で奮闘した。天正十年、信長が本能寺で落命した時、成政は柴田勝家とともに、越中東端の上杉氏拠点である魚津城を攻撃しているところだった。そのため明智光秀の追討戦には迅速に動くことができず、またたく間に秀吉が信長後継者の足場を固めていくのを傍観しているしかなかった。

しかし成政の人生は、秀吉との立場が逆転してからの方が劇的に展開していくともいえる。かつてはともに織田家中の同僚だった二人の関係は、秀吉の地位上昇にともなって主君と家臣の間柄へと形を変えていくのだった。ただ、その道のりは平坦ではなく、成政は秀吉への抵抗と帰服を繰り返す。一度ならず二度までも成政の反発に遭いながら、それでも秀吉が許容しているということは、それだけ、武将としての器量に利用価値を見出していた証しであろう。家臣として認められた成政は、天下人秀吉を主君と仰ぎ見るようになっていたのである。

若き日から数えれば三十年にも及んだであろう因縁の関係は、しかし突然、終止符を打たれた。秀吉の九州攻めの結果、肥後一国を拝領した成政だったが、まもなく領国で大規模な国衆一揆が起きてしまい、そのまま切腹を命じられる。

この成政切腹と同じ日、天正十六年（一五八八）閏五月十四日付けで秀吉が出した朱印状が、一通目のテキストである（【史料25】）。これは「陸奥守《（佐々成政）》前後悪逆条々事」として、六ヶ条に渡る長文で成政生前の「悪逆」（失点）を列挙し、成政に切腹を命じた背景を縷々《るる》説明したものである。その文書スタイルは成政の弾劾状といえるものだが、諸大名に一斉に発給されていることからも明らかなように、より正確にいえば、成政切腹の一件について大名たちに示した豊臣政権の公式見解となろう。ここでは、肥後国衆一揆の原因や経緯ではなく、一国を預かる大名が切腹に追い込まれるという不名誉な出来事を政権がどのように説明しようとしているのかという点に注意しながら、読み進めていきたい。

主従関係の起点をめぐる認識のズレ

成政の悪逆の第一条は、秀吉と柴田勝家が対立した賤ヶ岳の戦いに関するものである。信長に仕えていた頃から勝家と深い関係を築いていた成政は、この時も勝家の味方をして秀吉に敵対した。

一、天正十二年のことである。秀吉に対し、柴田勝家が謀叛を企て、近江北郡の余呉《よご》へ乱入した。そこで秀吉は自身が駆けつけ敵陣を切り崩し、そのまま勝家居城の越前北庄を攻めて勝家を打ち果たした。その時佐々成政は勝家に与《くみ》して、越中にいた。勝家派の佐久間盛政の居城だった加賀金沢城は、勝家没後に明け渡され、代わりに成政が入城した。そのため秀吉は越前から進軍して金沢城を包囲したところ、成政は頭を剃って首を刎ねるように言って秀吉の陣中に駆け入ってきたので、秀吉は首を切らず、さらには元のように越中一国を与えて、飛騨姉小路氏の取次にまで任じたのである。（【史料25】）

冒頭に「天正十二年」とあるが、賤ヶ岳の戦いは天正十一年四月に起きている。単純なミスかとも思えるが、各方面に配られた弾劾状でも「十二年」となっているので、あるいは、賤ヶ岳の後に成政が帰服してから、所領安堵など儀礼的なものが完了した時を基準にしているのだろうか。成政は十二年正月に在京しており（「兼見卿記」同年正月十二日条）、これと絡む可能性もある。

内容に入っていくと、ここでは成政帰服を秀吉の武威の成果と説明しているが、正確には当時はまだ織田体制が続いている。形式的にせよ織田家の当主は信雄であり、秀吉はその下での有力武将という立場にすぎないことは、「信雄様が、信長様ご存命中と変わらず天下を治め、秀吉はそれを「御指南」している」という成政の発言からも明らかであろう（天正十一年六月十七日付け、成政書状、「石坂孫四郎氏所蔵文書」、『大日』十一―四、同日条）。成政にとっては、賤ヶ岳を終えて自分が帰服し仕えた主君は信雄であり、秀吉個人ではないという意識だったはずである。以後、成政が飛騨の姉小路氏や越後の諸氏と上方との間を仲介するのも、そのためであろう。

しかし秀吉は、これを成政の自身への臣従と認識していた。自分本位の状況解釈によって武威を語っていくのが秀吉のいつもの手法であるが、主従関係成立の起点であるがゆえに、晴れて弾劾状の一条目を飾るのである。

越中攻めと軍事的な屈服

形式的な天下人信雄を、実質で秀吉が差配しているという曖昧な時期が続いているうちはよかったが、その矛盾はすぐに爆発した。両者が敵対に至ると、成政は当然ながら秀吉と離れていく。その経緯は第二条で記されている。

一、天正十三年に、織田信雄が尾張国で秀吉と対立すると、この成政はまたしても、秀吉に差し出していた人質を捨て、信雄に与同して、加賀との国境に乱入し、城を築いたので、秀吉はすぐ出馬し、諸城を攻略した。そのまま越中にある成政居城の富山城を包囲したところ、成政は頭を剃って秀吉の陣中に駆け入ってきたので、哀れに思い首を切らず、富山城を預け越中半国を与えた。妻子を人質に出しての大坂滞在を気の毒に思い、摂津能勢郡一色分を、妻子への生活費として与え、その上、成政を公家にまでしてやったのである。

【史料25】

織田体制が秀吉と信雄とに分裂すると、信雄は徳川家康と結び、天正十二年三月に秀吉と対峙するべく小牧・長久手の戦いを起こした。この合戦の特徴は、戦闘が長期化したことで周縁部にも飛び火した点にあり、関東では家康の同盟相手の北条氏と秀吉と結ぶ反北条氏派とが争い（沼尻の戦い）、北陸では秀吉方の前田利家を信雄派の佐々成政が攻撃する（末森城の戦い）というように、中央の対立軸が各地で再生産されていった。一方で秀吉は信雄との個別交渉を進め、天正十二年十一月には恭順を引き出した。信雄の屈服によって、家康も積極的な軍事活動を起こしにくくなり、以後は秀吉との冷戦へと突入する。この頃、成政は家康に戦闘継続を訴えようと、厳寒の季節に日本アルプスを越えて越中から遠江まで山道を往復したことはよく知られている（［服部二〇〇七］ほか）。

だが家康の腰は重く、一向に連携は進まなかった。秀吉との対立を続けた成政は孤立し、天正十三年八月には、秀吉が越中まで攻め込んできた。前月に関白となっていた秀吉の出征は、朝廷にとっても無関係ではないため公家たちは出馬を盛大に見送り、ゆかりの社寺には秀吉の勝利を祈らせた。

朝廷からの討伐対象となって「朝敵」に位置づけられたにもかかわらず、成政は秀吉に降伏し、すぐに赦免された。越中に一郡を安堵されただけでなく、ほかの豊臣大名と同じく、秀吉の承認を経て朝廷から侍従《じじゅう》の官位を与えられた。二度の降伏と臣従を経て、秀吉と成政の主従関係は、より濃密なものに変化していたのである。

成政の肥後拝領

主従関係の仕上げともいえるのが、九州攻め後の仕置きによる、成政の肥後移封である。三条目では次のように語られる。

一、九州攻めの天正十五年に、秀吉が出馬し、秀吉の命で支配体制を一新した時のことである。成政のことは信長の頃から、武将としての力量が人並み優れていると評判で、それは秀吉も承知していたところなので、九州のうち肥後がよい国なので、一国を与えた。さらに秀吉は兵糧・鉄砲の玉薬などまで支給し、城郭の普請を命じ、成政に与えたのである。（【史料25】）

秀吉が成政を優遇していたかのように読める一文である。ちなみに参考値として近世前期の石高を示すと、成政の旧領の越中新川郡は約十五万石、対して新領の肥後一国は約六十万石になるので、数字の上では間違いなく栄転である。しかも秀吉は九州攻めの戦況報告のなかで肥後を、筑前と並んで重視し、熊本城を良き城とまで宣伝していた。豊臣政権が「五畿内同前」と重視した九州統治において、博多と熊本は二つの要として構想されており、そこを任せたからには、成政の「武将としての力量が人並み優れている」という評判も相応のものだったといえるだろう。

しかし、成政に担わされた責務は重大だった。ただでさえ肥後は戦国後期の島津―大友間の抗争で国衆たちが激しく揺れ動き、支配関係が複雑になっていた地域である。その国衆たちに加えて越中から召し連れていった家臣たち、それに秀吉が九州攻めに際して雇用した大量の浪人たちの面倒までも、成政が見なければならなかった。しかも秀吉は近い将来の大陸侵攻を表明しており、そのためには軍役体制の新規構築、ひいては国内生産高の詳細な把握が不可欠であった（［大山二〇一二］）。これほど難しい条件のもとで、平和的に統治をしなければならないという方程式には、いくら秀吉が武器を支給し城郭普請を支援したところで、容易に解を出すことはできなかったはずである。

肥後一揆の戦火と混乱

事実、豊臣勢が九州から離れると、政権による統治のひずみが集中した肥後では、すぐに混乱が生じた。四条目によれば、ことの発端は地元生え抜きの国衆たちであった。

一、秀吉が九州から凱旋するに際し、国衆（城久基《じょう》・名和顕孝《なわ》・小代親泰《しょうだい》）に御礼（秀吉への出仕儀礼）を許し、生活費分の所領を与え、妻子たちを大坂へ連れていき、国の政務に障りのないように命じた。残りの国衆らにも人質を差し出させ、妻子は成政の居城である熊本城に置いていた。すると隈部《くまべ》親永という国衆がいて、以前から大友義統に与し、日ごろ秀吉に好を通じていた者なので、本領を安堵し同規模の新恩も与えていた。ところが、秀吉に事前申請することなく、成政は隈部を攻撃したので、隈部は頭を剃って、成政の陣所へ駆け入った。すると親永の子親安が、親への仕打ちに憤慨して山鹿で籠城し、これに国衆らが呼応して一揆を起こし、熊本を攻撃した。成政が窮地に立たされたため、小早川隆景や龍造寺政家・立花宗茂を始めとして救援を命じ、熊本への補給路を確保し兵糧を入れようとしたが、一向に進まなかった。そこで毛利輝元に命令して、天正十六年正月中旬という冬の寒さが残る時期ではあったが、上記の諸大名とともに軍勢を入れて、肥後一国は平定されたのである。（【史料25】）

秀吉が九州に乗り込んでくるに際して、当初大友氏に肩入れする形で介入を始めたことは第一章で述べた。もともと肥後で大友派だった国衆にしてみれば、自身もまた大友氏と同じように早くから秀吉に通じていた意識があったのではないだろうか。さらに肥後に入った秀吉に国衆たちが御礼を遂げ、個別に人質を出すことで、秀吉―国衆の間にも主従関係が形成される。秀吉を主人とする点では、成政と国衆とは同じ立場であり、新参の大名が彼らの上位者となって手なずけるのは並大抵のことではない。しかし成政は、前述のような責務の大きさもあって、性急にことを進め、武力行使という手法で国衆統制を図ったのである。

これが裏目に出てしまい、肥後の国衆たちは連携して蜂起したのである。反発は肥後の外にも飛び火して、一時は豊臣政権の統治を危うくさせるほどであった。秀吉は隣国大名に毛利輝元の軍勢を加えて、どうにか鎮圧する。肥後の一揆が深刻化したのは、とりもなおさず政権側の九州支配の矛盾にあったが、その責任は成政一人に転嫁され、秀吉と主従関係を結んだ国衆に攻撃を仕掛けたのは成政の独断であると強調し、政権は無関係であったと必死に線引きをしていくのだ。

切腹命令

そしてついに切腹を命じるのが第五条である。

一、以上のような曲事《くせごと》が種々あったものの不問に付して肥後国を与えたにもかかわらず、一ヶ月も経たないうちに争乱を起こし、これで秀吉までも面目を潰すこととなった。ついては事情調査の前に、成政に切腹を命じようと考えたが、世間の評判もあろうかと思いなおし、浅野長政・生駒親正・蜂須賀家政・戸田勝隆・福島正則・加藤清正・森吉成・黒田孝高・小西行長らに命じ、彼らの軍勢二、三万人とともに、肥後へ秀吉の使節として派遣した。熊本城にいた成政は、処分として八代《やつしろ》へ移し、国衆たちは今回の件への関与を詮議して、（治安を乱したものは）すべて首を刎ねるよう命じるつもりだったが、またしても、成政は使節を無視して大坂へ来てしまった。この文書で示したように成政には種々の曲事があるので、尼崎で籠居を命じ、見張りを付け、九州の使節が戻って、国衆らの成敗の状況を報告させた上で、成政を国から追放するか、切腹させるか、どちらかを命じようと考えていた。（使節の報告では）肥後だけでなく九州はすべて静謐になったとし、国衆ら千余人の首を刎ね、そのうち大将分の首百ばかりを大坂へ持参してきた。そこで、喧嘩相手の国衆らの首を刎ね、成政を助けては、「殿下（秀吉）」の判断も曇ったかと諸国の者たちが思うであろう。それゆえ気の毒に思いながらも今日、閏五月十四日に成政に切腹させた。

（【史料25】）

成政に切腹を命じた理由は、秀吉との主従関係のなかで、従属すべき彼が積み重ねてきた数々の失点（曲事）にあり、とりわけ最大の失策が、肥後の一揆を引き起こして秀吉の面目を潰したことであった。そして最後の最後になっても、成政は公式な上使の命令に従わず、またしても独断で上方に向かい、秀吉に弁明を試みるのである。しかしそれも叶わず、大坂手前の尼崎で幽閉され、首を刎ねられた国衆らと同等の喧嘩両成敗という体裁を整えたうえで切腹が告げられる。なにやら鎌倉の源頼朝のもとまで直訴に及ぶも、腰越《こしごえ》で足止めされた弟義経のワンシーンを髣髴とさせるような、講談調の語り口ではある。

そして長い弾劾状を締めくくる最後の第六条である。

一、成政が肥後で召し抱えていた者たちは、曲事に加担していなければ、分限に従って知行を与えるので（これまでどおり）熊本で暮らしてよい。（【史料25】）

秀吉に対する曲事に加担していなければという条件付きではあるが、成政の家臣たちにはお咎めなしという秀吉の温情が、わざわざ最後に用意されているのだった。ずいぶんと芝居がかった一文にも見えるが、この弾劾状が六ヶ条に渡って成政の失点を列挙すると同時に、秀吉と成政の主従関係の経緯を記し、そこで主君秀吉の広い慈悲の心を誇示するためには欠かせない〝エピローグ〟なのである。

公儀性ではなく慈悲を語る秀吉

以上、長文の弾劾状を読み進めてきた。これが、豊臣政権が諸大名に向けて成政切腹の理由として発表した公式見解であり、当時の政権が何に力点を置いていたのか、その所在を示す興味深い史料である。それを、切腹を命じた第五条の傍線部から考えてみよう。

藤木久志氏はここで、喧嘩両成敗の原則によって成政切腹を命じたことについて、「かれ（黒嶋注…秀吉を指す）が、しばしば「殿下」「天下」、あるいは「公儀」とみずからを語る時、そこには個々の大名・国持・百姓らのあいだの対立・紛争を公平に調停する、超然たる権威であるという論法が予定されていた。これらのことばは、秀吉自身がそのような公儀性をみずから語ったものとして、見のがしにはできぬ重さをもっている」と説明する（［藤木一九七五］）。しかし、この弾劾状に関するかぎり、こうした解釈は違和感が残る。「公儀性」を持つ「超然たる権威」なのであれば、喧嘩両成敗により成政を切腹させるに際し、成政と国衆らの罪状を同等に示せば、それだけで済むはずであろう。

ところが弾劾状で六ヶ条に渡り延々と述べているのは、秀吉と成政の主従関係の経緯であって、豊臣政権の「公儀性」ではない。これは、たとえ成政切腹の理由が肥後一揆の引責だったとしても、それを「公儀性」から説明したところで、受け取り手の大名も、その背後にある社会も、誰も納得しないと判断していたためであろう。そのため弾劾状では、政権の「公儀性」も、成政の領主としての責務も、表立っては出てこないのである。

逆にいえば豊臣政権は、成政切腹の理由を、主従関係の枠組みを用いることでしか説明できなかったのである。秀吉に臣従してから以降の成政の失点を積算し、肥後での失政も成政の独断によると線引きをして政権の統治から切り離し、「超然」を保とうした。さらに弾劾状では、成政が失点を重ねるたびに秀吉が施した慈悲を強調する。これは、切腹を命じた秀吉が、無慈悲な主君であるとのイメージを持たれるのを、政権がなによりも恐れていたことを示す。そのため、秀吉の慈悲を強調し、やむにやまれず切腹を命じた最後の一因に、死罪となった国衆たちとの等価性として喧嘩両成敗の理屈が寸借されるのである。四条目で肥後の国衆たちも秀吉と主従関係を結んでいたというのはその伏線であり、ともに秀吉に仕える従者という点で、成政と国衆は同等であることを見過ごしてはならない。弾劾状の部分だけを読むと喧嘩両成敗が豊臣政権の基本政策であったかのように思えてしまうが、全体の文脈からすれば喧嘩両成敗の意義は低いのである。

そこには時期的な問題もある。この文書が出された天正十六年閏五月といえば、秀吉は、後陽成《ごようぜい》天皇の聚楽第《じゅらくてい》行幸を終えた直後であり、政権の基盤をまた一つ確実なものとしたところである。しかし一方では、北条氏との交渉は臣従の最終局面を迎えており、関東・奥羽では秀吉への臣従を明確にしていない諸氏も多かった。これから服属者を募ろうとする時に、なによりも優先されるべき文脈は、主君として優れた慈悲を持ち合わせていることである。成政切腹というショッキングな事件を、いかに秀吉の慈悲として語るか。その苦心の跡を、この弾劾状から読み取っていくべきであろう。

秀吉による北条氏の弾劾

つぎに二通目の検討に移ろう。成政切腹から約一年半後、ふたたび豊臣政権は諸大名に文書を一斉配布し、政権による判断の正しさを公式に発表することになった。その天正十七年十一月二十四日付け秀吉朱印状は、一度は臣従する姿勢を示したものの、天下人の命令を十分に履行しようとはしなかったとして、北条氏の失点を五ヶ条に渡り書き連ねたものである(【史料26】)。恭順へのステップを上がろうとしない北条氏に対して切り出された、武力討伐を告げる最後通牒ともいえる。内容構成も使用目的も成政弾劾状と重なる部分が多いので、このテキストをもとに、同じように政権が語る討伐の妥当性がどのようなものだったのかを考えてみよう。

第一条は、まず秀吉への服属の事実が記される。

一、北条氏は近年、「公儀（豊臣政権）」を蔑《さげす》み、上洛もせず、とくに関東で自分勝手に狼藉を働いていて、どうしようもないことである。そこで、去年北条氏を誅罰するのが当然であったが、徳川家康の縁者であり、いろいろと懇願してきたので、条書を与えて命じたところ、従属を表明したので「赦免」となった。まもなく北条氏規が上洛し、（秀吉への服属の儀礼として）御礼を遂げたところである。

（【史料26】）

それ以前の北条氏は、豊臣政権を軽視して上洛もせず「狼藉」を繰り返すような、「誅罰（相手を罪人として責め殺す）」対象であった。ここには前提として、天下人秀吉と北条氏と間に上下の関係がすでに存在しており、それゆえに秀吉に十分に服従しないことは「誅罰」によって制裁を受けるというのだ。

それが一転、秀吉に臣従したことで「赦免」される。それは、家康の働きかけもあって北条氏が恭順の姿勢に転じたためである。何よりも大きな意味を持ったのは、「去年（天正十六年）」八月の北条氏規上洛である。この時、北条氏当主に準じる立場の氏規を派遣して「御られ主従関係の起点に置かれたのであった。

礼を遂げた」ことが、服属を公式に表明したものとして、弾劾状では大きな位置づけを与え

厄介な沼田領問題

つづく二条目は、主従関係の綻びとなった領知問題を記す。長文のため、前半から見ていこう。

一、すると、北条氏が家康と先年同意した条書について、家康が約束を破ったかのように言上してきた。秀吉が氏規と対面したからには、領国の境目等の諸問題は政権が裁定し、あるべき状態に即して配分を決定するため、北条氏に家臣を上洛させるよう命じたところ、板部岡江雪《いたべおかこうせつ》を派遣してきた。家康と北条の国分けについて、約諾内容を尋ねたところ、証言によれば、かつて甲斐・信濃の城々は家康の掌握次第に占有し、上野の国内は北条が支配するとのことで取り決めがあった。甲信両国はまもなく家康の領するところとなったが、上野の沼田領は北条が自力で占有することができなかったという。（【史料26】）

氏規が上洛したことで、次なる課題は北条氏領国の確定作業に移った。約一世紀の時間を費やして領国を拡大し続けた北条氏の場合は、基準をいつに置くかによって本領の範囲も大きく変わってくるのだが、ここで問題となったのは、甲斐・信濃・上野における線引きである。かつて三ヶ国は武田勝頼が領国としていたところだが、勝頼は織田勢に敗れ、代わって支配した信長家臣の滝川一益は本能寺の変からの動乱を乗り切ることができず、徳川家康と北条氏政が実力で侵食していく地域となっていた。そのうち上野は家康との同盟により、北条氏が支配権を得たものの、抵抗する勢力に阻まれて支配を貫徹できなかったのである。上野のなかで、北条氏の支配が及ばないグレーゾーンとなった沼田領が、北条―徳川間の境目問題として持ち越されたのであった。

この沼田領をめぐる経緯は、北条弾劾状の二条目の後半で記される。

沼田領に北条の支配が及ばなかったことを、家康の不手際であるかのように言い、北条氏当主が出仕できない口実にする懸念があったので、そうならないように秀吉は沼田を北条に与えた。ここで上野のうちで（家康に従属した）真田氏が領有している知行（が問題となり）、ここの三分の二は沼田城に付けて北条へ与えることとし、三分の一は真田に与え、そこに含まれる城も真田が領有することを決定した。また、真田から北条に渡す三分の二に相当する替地を、家康が提供して真田に渡すように命じた。北条氏当主が上洛するとの誓約を出せば、すぐに御上使を派遣し沼田領を引き渡すこととすると伝え、江雪を帰国させたのである。（【史料26】）

沼田領の帰属先として、秀吉の配慮から北条氏への安堵が決められたが、もともとグレーゾーンだっただけに、引き渡しは容易には進まなかった。とくに、一部を実効支配していた真田氏の抵抗があり、沼田領はさらに分割され、三分の二を北条氏に、三分の一を真田氏が領することとなった。

これは北条にとっても悪い話ではなかった。実力では獲得できなかった沼田領が、中央政権のお墨付きによって領有を認められるのである。バーターとなる条件は、北条氏当主の上洛。沼田領安堵の返礼の意味も込めて、上洛して秀吉に臣従を誓えば、すべては丸く収まるところまできていたのだ。

北条氏政、上洛せず

北条氏側は、一度は上洛について内諾を示していた。弾劾状の三条目には次のようにある。

一、今年十二月上旬に、氏政が出仕することを了承した書類を送ってきた。これを受けて、津田盛月・富田一白を派遣し、沼田を北条に引き渡して与えた。（【史料26】）

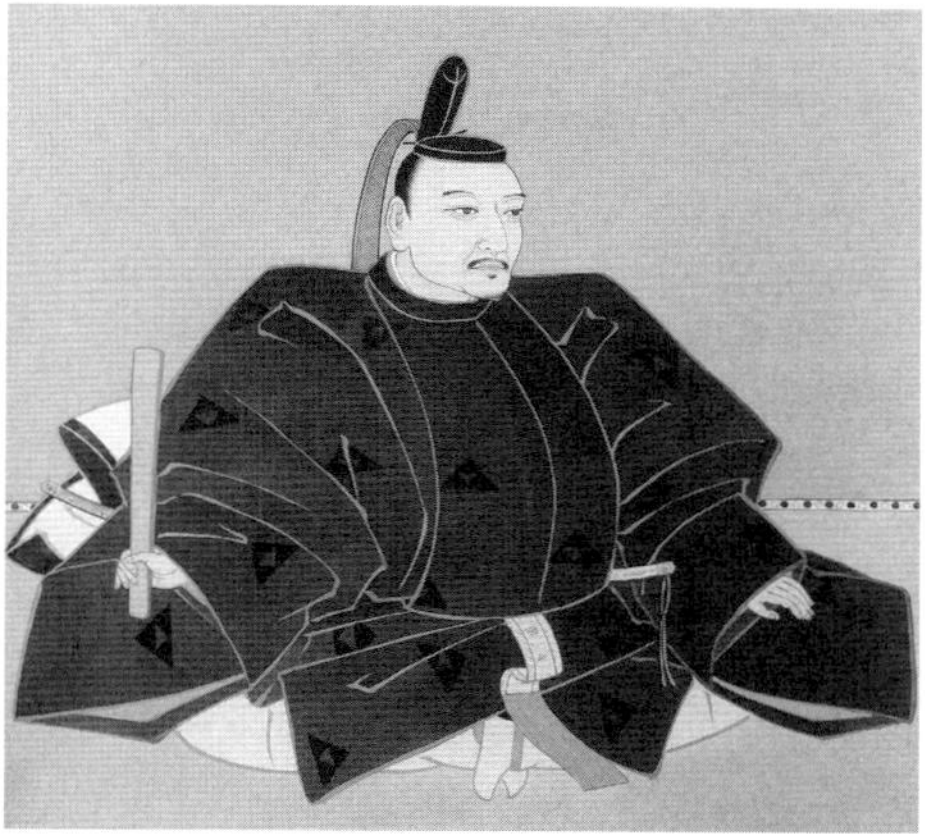
北条氏政像（小田原城天守閣蔵、堀内天嶺摸写図）

天正十六年十二月という期日を切って、北条氏政が上洛することが豊臣政権に報告された。これによって天正十六年七月、沼田領（三分の二）の引き渡しが進められた。政権側が名実ともに圧倒的な上位者であるならば、引き渡しは氏政上洛後でもよかったはずだが、そうはならなかったところに、北条氏への配慮と妥協が示されている。

しかし、これだけ譲歩をしながらも、氏政の上洛は先延ばしされた。その渦中で起きた一つの事件が、四条目で記される。

一、沼田要害を請け取ったからには、さきの誓書に従って、すぐに氏政が上洛するだろうと思っていたところ、北条氏は真田の領有する名胡桃《なぐるみ》城を奪った。約束を違えたからには使者に対面することはできない。北条の使者は殺されて当然だが、命は助けて送り返した。（【史料26】）

沼田領（三分の二）を受け取ったものの、北条氏は氏政上洛を延期するだけでなく、真田氏に与えられた沼田領（三分の一）に含まれている名胡桃城を奪取してしまったのである。これは沼田に配されていた北条氏家臣の軽挙妄動が原因だったらしいのだが、ともかくこれで秀吉の領知裁定は踏みにじられた。当主の上洛延期に憤慨したことから、北条氏の派遣してきた使者には対面を許さずに送り返している。

ここで注意したいのは、北条氏を糾弾するにあたって、弾劾状のなかに「惣無事令」のような前提が一切見られないことである。北条氏の瑕疵《かし》は、秀吉の私戦禁止命令への違反ではなく、秀吉の従者でありながら上洛を実行しないことと、同じく領知裁定の約諾を無視したことにあった。北条氏が「約束を違えた（原文は「表裏仕り候」）」とするのが弾劾の主題なのであり、この論理は一条目から四条目の結論まで貫徹している。北条氏を表裏者（嘘つき）

と位置づけるに際して、かりに「惣無事令」が大きな意味を持ちうる前提として存在していたならば、文中に盛り込めば相手の難点を一層強調できたはずであろう。ところがそれは、微塵も登場しない。豊臣政権の公式見解に登場しないものを、現代の研究者は大きな意味を与えすぎてしまったのではないだろうか。

秀吉のカリスマ性

北条氏を糾弾する論理が、より明確に姿を現わすのが最後の五条目である。表裏者の北条氏に対して、秀吉が持つ出自とカリスマ性を長々と説明している。

一、秀吉は若くして独り者となり、信長公の幕下に入ってからは、粉骨砕身して働き、武器を枕にして深夜に眠り、早朝から起きて、軍忠に励み戦功を挙げた。やがて信長公から目をかけられ、人に名を知られるようになった。そのため毛利攻めの担当を命じられ、大敵を相手に対陣していた時、明智光秀が人の道に背いて信長公を討った。この知らせを聞くとすぐに、敵方を押さえ込んで秀吉の意向を呑ませ、時間を置かずに上洛し、逆徒の光秀の頸を切ることで信長公の恩恵に報い、雪辱を果たした。その後、柴田勝家が信長公の恩を忘れ、国家を乱す叛逆をしたので、これも退治した。このほか諸国は、叛く者はこれを討ち、降る者はこれを近づけ、秀吉の麾下に属さない者はいなかった。

（【史料26】）

五条目は長いので、一度切ろう。前半では、おなじみの秀吉の出世過程を述べる。人生への真摯な取り組みと、主君の恩や人の道に背いた明智光秀・柴田勝家を討ち取ったことで、秀吉は麾下に従えるものを増やして勢力を拡大させていったというのだ。秀吉の武力行使が、人としての「道」に叶う正義であったために服属する者を増やし、その地位を上昇させたという武威の論理である。これを受けて後半でも、秀吉の「正しさ」が繰り返し主張される。

とりわけ秀吉は一言の表裏も発したことがない。このために天道《てんどう》に叶う者となったのであろうか、秀吉はすでに非常に高い官位を与えられる栄誉に浴し、天皇を助ける太政大臣となり、すべての政務を見る関白となった。けれども、北条氏直は天道の正理に背き、京都に対し謀略を企てている。どうして天罰を蒙《こうむ》らないことがあろうか。古い諺でも、「たくみに人を偽るのは、拙くても誠意のあるのに及ばない」という。つまるところこの天下で、勅命に逆らう者を、早く誅罰しないことには許されない。来年（天正十八年）

は必ずや天皇から授かった旗を携え軍勢を出そう。氏直の首を刎ねるための動きは、もう止められないほど緊迫したものなのである。

（【史料26】）

人の「道」だけでなく「天道」にも叶った秀吉は、天皇を助ける関白にまで昇進し、人の「道」「天道」「勅命」に背いて表裏を続ける北条氏に対し、武力行使に及ぼうとする。繰返される自己肯定に呆れてしまいそうになるが、これが秀吉の公式見解なのである。しかも「鹿苑日録」という日記によれば、この文書を作成したのが豊臣政権の中枢にいた人々であると記されている。秀吉に近い浅野長政、公家のなかでも秀吉に親しい菊亭晴季、禅僧界の重鎮で漢文作成に長けた西笑承兌らが参集し、英知を積み上げたすえに、辿り着いた結論なのであった。北条氏は、「惣無事令」のような法令に違反したためではなく、正義の存在である秀吉に従わず表裏を構えたために、武力制裁の対象となるのだった。

北条氏直像（小田原城天守閣蔵、堀内天嶺摸写図）

対応する武力と静謐

弾劾状の趣旨は、つまるところ、五条目の「叛く者はこれを討ち、降る者はこれを近づけ」という一文に尽きる。天道の理に沿った秀吉に従属して当然なはずの北条氏が、それをせず、服属しない表裏をとがめられて武力で制裁されるというのだ。

この一文では、「叛く者」には武力が行使される一方、「降る者」は従属によって地位を保障され、秀吉とともに社会の静謐を担う存在となることが対句で示されている。しかも弾劾状では、秀吉に武力で制裁される者と、秀吉の静謐に組み込まれていく者という対義の関係が、文章の論理的な骨格を構成していることも明らかであろう。たとえば「叛く者」と同じく武力制裁の対象となりうるもので、文中でマイナスの意味で使われているのは、次のような言葉である。

公儀を蔑む、上洛をしない、自分勝手、狼藉、表裏、人の道に背く、逆徒、国家を乱す、叛逆、天道（の正理）に背く、謀略、天罰を蒙る、勅命に逆らう者これに対し「降る者」のように服従して静謐を担う、プラスの意味で使われている行動は、次のように記されている。

懇願、赦免、上洛、御礼、対面、出仕、裁定、粉骨砕身、軍忠、戦功、恩恵、麾下に属す、天道に叶う、天皇、京都、誠意

このように分類してみると、マイナスの言葉とプラスの言葉、たとえば「天道に背く」「天道に叶う」、「表裏」「誠意」のように、対応する反意語を見出すことができる。文中に対句が出てこない場合でも、「御礼」と「無礼」や、「自分勝手」と「序列・秩序」などといった対義語を類推することで、秀吉の主張するあるべき姿を、より明確に理解することができるだろう。

ここから、秀吉の主張する自己認識を、次のように整理できるのではないだろうか。秀吉は武力を持つことで、その時その時に応じて「叛く者」らを討伐し、服属させてきた。そこでは、実際に武力が行使されていなくとも、武力を持つことで諸氏を「降る者」へと変えてきた、秀吉の強い影響力が大きな意義を持っている。マイナスの言葉に代表されるような戦国の社会的な混乱が、武力を持つ秀吉によって、プラスの言葉で代表されるような秩序をと

もなう静謐へと転換されていく。こうした武力と静謐の関係は、本書の冒頭で確認した武威の語義と合致する。まさに武威を体現する存在が、天下人秀吉なのである。

秀吉の武威の特徴

以上、二通の弾劾状をもとに、天下人秀吉と豊臣政権が、どのような言説によってその判断の妥当性と権力の正しさを語っていたのかを確認してきた。二通ともに、文面は多分に独善的で自己肯定に満ちたものではあるが、諸大名に一斉に配布された公式見解であり、秀吉側の自己正当性の所在を示すものとして興味深い史料であった。

秀吉は佐々成政について、主従関係の過程で成政が重ねてきた失点を列挙し、切腹は慈悲深い秀吉であっても避けられない自死であるとして説明した。一方の北条氏への武力行使計画については、服属した北条氏の重ねてきた表裏を強調し、主君である自身をその対極である「天道の正理」に則《のっと》った武威の体現者と位置づけ、制裁を正当化する。二通を重ねてみると、慈悲深い主君で武威の体現者である秀吉のもとに、諸氏は「降る者」となって誠心誠意の奉公をするのが自然の摂理であり、それが社会秩序の安定を招くとする趣旨になるだろう。

こうしてみると、豊臣政権が対大名政策で重視していたのは、なによりも服属による主従

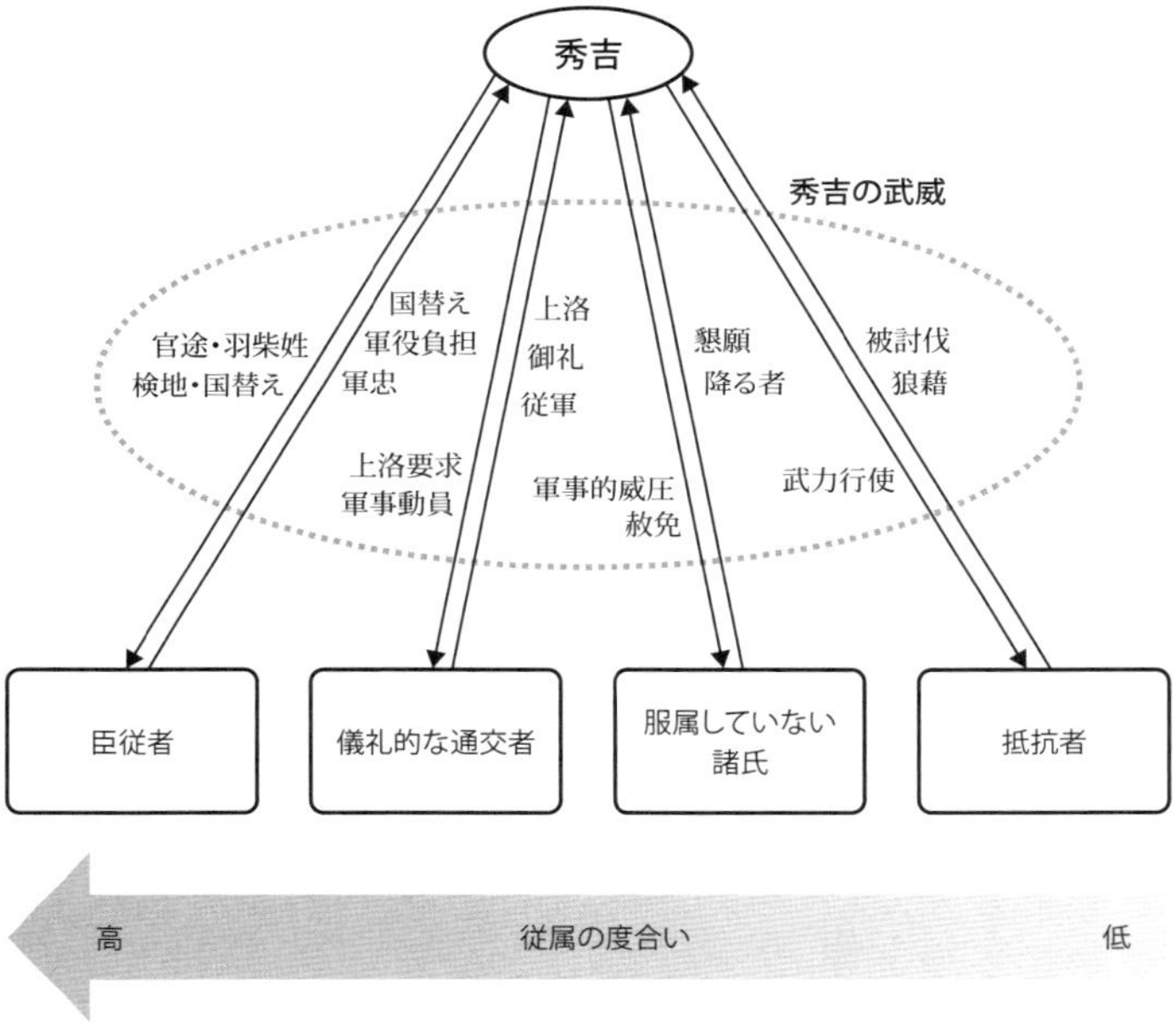

秀吉の武威の概念図
従属の度合いを高めていくため、秀吉は武威の発露として、諸氏に関与していく。

関係の締結であり、秀吉への誠実な奉公の継続と従属の深化による「静謐」であったということになろう。それは秀吉の遠国平定の過程からも確認できる。まず天下人秀吉と大名らの間に個別に上下関係を形成してしまえば、その関係を大名よりも規模の小さい近隣諸氏にも展開することができ、それが政権による地域の平定に至るというものである。秀吉がはじめから地域の面的な平定を志向したわけではなく、個別の主従関係を一本ずつ束ねていく手法をとったことは、本書第一～二章で見てきたとおりである。

このような手法に拠って全国支配を進めていった政権が、特定の地域に広域の停戦令を出し、公儀の立場からの領知裁定を重視したという説、すなわち「惣無事令」を基本政策に据えていたという見方には再考の余地がある。服属を確かなものにするためには、諸氏の領国を確定させていく作業が必要になるが、現地の事情に通じていない豊臣政権にとって、その裁定は至難の業であった（［戸谷二〇一四］）。複雑に入り組んだ地域の論理を、すべて「理非」として聞き分けるには時間がかかり、失敗すれば服属そのものが頓挫するリスクを孕む。そのためか秀吉は、九州でも関東・奥羽でも、手間暇かけて丁寧に地域の論理を調査するよりも、手っ取り早く大軍を率いて軍事的に制圧し諸問題を解決する方法を選んだ。社会を静謐にするための武力は、武威の体現者である天下人にとって当然の責務として行使されるのであって、それは調停・裁定よりも優先されたのである。

また停戦令も、現実的には、大名に服属を迫る過程で地域の論理に介入していく手段の一つであり、全国的な広がりのなかで均一的な停戦を目的としていたとまでは断言できない。そのため豊臣政権が主張する公式見解のなかでは、停戦令がボリュームをともなって語られることはなかったのである。

もちろん、停戦状態の維持・徹底は、結果的に社会の静謐の進展と結びつく。だが、両者は決してイコールではない。それは社会の静謐を乱す一揆が、「惣無事令」違反によって鎮圧されたわけではなく、豊臣政権の軍勢動員による力まかせの鎮圧という帰結を見た事実からも明らかであろう。武威の主宰者である秀吉は、武力で社会の静謐を実現する役割を担うが、じつのところ大名たちの戦争を完全に封じ込めるほどの強制性は持ち合わせなかったと見るべきではないだろうか。

実際に、天下人秀吉の地方平定が完全なものではなかったために、先送りした諸矛盾が暴発して一揆となっていた。平定で優先されたのは大名の服属であり、彼らの従属を強固なものとする豊臣大名化を進めることによって、地域社会の静謐は後から実現されていく。戦国の社会を静謐にするという難題は、秀吉が一度に達成できるようなものではなく、相応の時間を必要とするものだったのである。

それにもかかわらず、武威を体現する天下人は、武力によって社会を静謐にする役割を持つので、武力と同じように、その結果である静謐も誇大に吹聴しなければならなかった。秀吉本位で静謐を語る時の表現方法の一つとして、停戦令であり領知裁定があったといえよう。だとすれば、それだけを切り出してイメージを膨らませ、あたかも政権が根幹に据えていたかのようにしてしまっては、実態と乖離したものになる。武威を語り続ける豊臣政権を考える際には、その主張する内容と現実の政治情勢とを、冷静に見極めていかなければならないだろう。

では、そんな秀吉のかつての主君であり、その前の天下人であった織田信長は、どのような武威を語っていたのだろうか。その内実を次章以降で考えていくことにしよう。

第四章　信長と奥羽

織田信長という天下人

新たな天下人が登場したところで、あらためてプロフィルを確認しておこう。もともと織田氏は、室町時代には尾張国の守護代を務める家柄であった。尾張の守護は代々、室町幕府の管領家である斯波《しば》氏が任じられてきたが、斯波氏の勢いは十五世紀の中頃から翳《かげ》りが見えはじめ、尾張では守護代の織田氏の影響力が強くなっていく。織田一族のなかで信長の家筋は庶子《しょし》家にあたり、いわば傍流であったが、乱世のあおりで信秀（信長の父）の頃から力をつけていった。信秀が死んだ天文二十一年（一五五二）以後、信長は徐々に家中支配を確立し、主家の守護斯波氏との力関係を逆転させて尾張全域を掌握し、さらに隣国の美濃・伊勢へと勢力を広げていくようになる。

美濃岐阜城に入った信長は永禄十一年（一五六八）、足利義昭を奉じて上洛を遂げる。義昭は、三年前に暗殺された十三代将軍の足利義輝《よしてる》の弟にあたり、自分こそが将軍職の正統な後継者であるとして全国の諸氏に支援を求めていた。その義昭は信長の軍事力に支えられて京都に入ると、まもなく征夷大将軍職への補任《ぶにん》を実現させており、功労者である信長を「御父」と称した書状が残る（『大日』十―一、永禄十一年十月二十四日条）。信長から見れば三つ年下にすぎない義昭から「御父」と呼ばれることには違和感もあったはずだが、信長は正規の幕府役職に就任しなかったため、義昭はこうした擬制的な血縁関係でしか信長との親しさを表現できなかったのであろう。

こののち約五年に渡って、将軍義昭と「御父」信長の連立政権が続いていく。二人の関係は円満とはいいがたかったが、少なくともお互いの存在が政権維持には不可欠であることはよく分かっており、ギクシャクとした関係のまま連携を保ち、さらなる支配の安定化を図っていた。

さて、永禄十一年に上洛してから、天正十年に本能寺で自害するまで、約十五年の時間を一般には信長政権の時期と捉えている。だが、これから本書で見ていく際に注意しておきたいのは、信長政権の時期、あるいは信長が天下人だった時期というのは、信長自身にも周囲の情勢にも変化が大きく、一括りにできないことである。ふつう信長といえば、上洛の少し前から使い始めた「天下布武」の印章がインパクトを持ち、その生涯を通して武力による平定戦を貫いていたかのようなイメージが強烈に焼き付いている。しかし、史料のなかで信長の登場の仕方や、そこからうかがえる天下人としての姿は、とても首尾一貫していたとは言いがたいのだ。極端な話をすれば、ある年の信長と、その前の年の信長とが、まったく位置づけが異なっているような場面もある。そうした特質に留意して、以下の文章では一年単位

織田信長像（長興寺蔵）

で、信長と周囲の状況を追いかけていくことにしよう。

信長と奥羽の関係の開始

さて、上洛直後の信長は、おもに畿内と織田領国周辺を舞台とした、局地的な敵対勢力の平定戦に明け暮れていた。そのせいもあって、遠隔地の奥羽に対しては関係を築く必要性も低かったのであろう、積極的な通交の痕跡は確認できない。

ただ将軍義昭は、上洛の翌年、二条城の造営費用負担を出羽米沢の大名である伊達氏に命じている（『大日』十―二、永禄十二年六月一日条）。この二条城は、信長が義昭の御所として普請を進めていた城郭である。同年正月、信長が岐阜に帰国し、京都を一時離れた隙をついて、三好氏らの勢力が義昭の滞在していた本圀寺《ほんこくじ》を急襲する事件が起きた。この時はかろうじて防ぐことができたものの、寺院という仮住まいの宿館ではなく、高い防御力を備えた軍事拠点としての将軍御所が必要であることは明らかだった。とはいえ、義昭にそれを実行するだけの財力はなく、二条城の普請を実質的に請け負ったのは信長になるのだが、義昭もまた将軍の威信にかけて、遠国から費用を調達しようとしたのだろう。だが、伊達氏が負担に応じたかどうかは明らかではなく、義昭と伊達氏以外の奥羽諸氏との通交も、その後は一次史料で具体的に追うことができなくなる。そのためか信長と奥羽との関係も、濃密なものにならないまま過ぎていったものと考えられる。

それが大きく転換するのが、天正元年（一五七三）のことである。現在伝わっている史料による限りではあるが、この年に奥羽の諸氏では初めて、伊達輝宗が将軍義昭ではなく信長と、直接通交をしているのである。しかも天正元年は、信長の政治史においても大きな画期となる年であった。年明け早々から不穏な動きを見せ始めた将軍義昭と信長は、短期間で衝突と停戦を繰り返した挙句、七月になってついに訣別する。ここに両者は、それまでの連立的な政権構造を解消することとなった。

そんな節目となる天正元年から始まった伊達氏との通交を皮切りに、信長と奥羽諸氏との関係は段階的に広がっていく。ここでは、キーパーソンである伊達輝宗を主軸にして、その様子を見ていきたい。

伊達輝宗と遠藤基信

戦国の英雄である〝独眼竜〟政宗の父という形容詞でばかり語られがちな輝宗だが、彼の治世に、政宗の飛躍する土台が固められたといえる。輝宗が家督を相続したころの伊達氏は、父晴宗は幕府から奥州探題に任じられていたものの、その分国はかろうじて現状を維持している状況だった。伊達領から見ると東南に位置する相馬氏から相次いで攻勢をかけられており、輝宗は南の会津蘆名氏とは同盟を結び、北の最上氏からは正室を迎え、おもに対相馬戦線に注力することになる。絶え間なく続く周囲との緊張のなかで、輝宗も他の諸氏と同じように、自身の地位の後ろ盾とするべく、中央と通交するタイミングをうかがっていた。

折しも畿内では、信長が独自の地歩を築き上げようとしていた。信長への接触を強く勧めたのは、輝宗の側近で伊達氏の外交を担当していた遠藤基信であった。政宗自身が記憶していたところによると、基信は才知あふれる人物で、翌年のことを予見しても「十に八ツは外れぬ」先見性を持ち合わせていた（「木村」）。修験者の息子という高くない出自にもかかわらず、輝宗側近にまで抜擢されたのは、こうした基信の器量を見込んでのことだっただろう。一方でその出自は、基信の情報収集網の形成にプラスに働いたらしい。これも政宗の証言によれば、信長が「天下への威権ほど有まじき」という報に接するや、基信は輝宗に上方への通交を勧めたという。輝宗が馬・鷹などを献上したところ、信長が「ほどなく天下の主」になったことから、基信が持つ洞察力は、伊達家中でも一目置かれていたことだろう（「木村」）。ただ、信長の権勢が増しているとの情報は、他のさまざまなルートからも伊達領国にもたらされていた可能性がある。たとえば伊達領に隣接する越後の上杉謙信は、同盟関係にあった信長と頻繁に通交していた。元亀二年（一五七一）には、信長が鷹を求めるため、越後を経由して陸奥に鷹師を派遣している（『信長』二七一）。北陸道は畿内と奥羽とを結ぶ主要ルートであり、伊達領にも越後を経由して、中央からの人や情報が流入していたことが推測される。

また同じころ、甲斐の禅僧快川紹喜《かいせんじょうき》の弟子にあたる虎哉宗乙《こさいそういつ》が、政宗の教育係の意味も込めて、米沢城近くの資福寺の住持として輝宗に招かれている。快川紹喜は武田氏と関係の深い恵林寺の住持となっており、のちに信長が武田勝頼攻めで恵林寺を焼き討ちした際、「心《しん》頭滅却《とうめつきやく》すれば火もまた涼し」の名言を吐いて寺と命を共にした人物である。ただ、虎哉宗乙が米沢に来たころは、まだ武田信玄と信長の関係は良好であり、甲斐から陸奥に至る東山道《とうさんどう》ルートからも上方の情勢が伝えられていた可能性がある。

遠国とはいえ、伊達領は情報が入ってきやすい環境にあった。基信の助言だけではなく、さまざまな情報を踏まえて、輝宗は信長に接触を試みたのではないだろうか。鷹をはじめとした進物とともに、信長宛ての書状を作成したのは、天正元年十月下旬のことだった。

信長からの返書

信長側の対応を見てみよう。輝宗からの書状を受けて信長は、天正元年十二月二十八日付で返書を送り、書状と進物が届いたことへの感謝と、一緒に送られた鷹を「自愛」「秘蔵」する旨を記した。そこでは畿内の情勢を次のように述べている。

さて「天下の儀」は、すでに聞き及びのように（信長が）足利義昭の上洛に供奉し、義昭は京都で平穏に過ごされ、静謐が数年続いていた。すると甲斐の武田信玄・越前の朝倉義景ら諸侯の奸智《かんち》にたけた者一人二人が義昭を唆《そそのか》し、将軍の統治を妨げ、義昭は「御逆心」を企てられた。仕方ない仕儀で無念なことなので、なんとか翻意してもらおうと信長が上洛したところ、若公（義昭の子。のちの義尋《ぎじん》）を渡して京都を退却された。紀伊の熊野あたりに流れ落ちたとのことである。また武田信玄は病死した。朝倉義景とは近江と越前の国境で八月に一戦を遂げ、短時間で勝利を収め、首三千余りを討ち捕り、そのまま越前に攻め込み、義景の首を刎ね、越前一国を平定したところである。

（【史料27】〔天正元年〕十二月二十八日付け伊達輝宗宛て織田信長朱印状）

冒頭に「天下」とあるが、信長の「天下」については近年議論が活発になってきており、信長が上洛する頃までの「天下」とは政治秩序の中心であり、畿内地域を意味していたとする説が支持を集めるようになった（［神田二〇〇二］ほか）。ただこれを、畿内という区切られた領域であるかのように即断するのには慎重でありたい。それ以前の室町時代において、足利将軍が領域的な支配を実現していたとはいいがたく（［黒嶋二〇一四a］）、ここでの「天下」も、当然ながら前代からの理解を引き継いだものとなろう。さしあたっては「（天皇・将軍など）伝統的権威が秩序の頂点に

伊達輝宗像（仙台市博物館蔵）

立つ畿内を中心とした政治空間」といった程度の、領域的には曖昧さを持たせた意味としておく。曖昧であるがゆえに、頂点に立つ為政者のもとに服属するものが増えていけば、「天下」は融通無碍に広がっていくのである。

その天下に将軍義昭を据え、数年間の「静謐」を維持させたのは、とりもなおさず信長の武力の賜物であった。信長にとっての「静謐」とは、第六章で述べるように戦争のない平和な状態を意味するものと考えられるのだが、ひとまず武力と静謐の論理に基づくこの書状は、伊達輝宗に対して信長の武威を喧伝する内容となっていることが分かる。そのため畿内の「静謐」を乱した原因は、信長の武力に生じた過失によるものではなく、将軍義昭を唆した武田信玄・朝倉義景に求められていく。その信玄は病に倒れ、一方の義景は信長に攻め込まれて自刃しており、そろって同じ年に鬼籍に入った。のちに第六章で触れるように、信長の「天下」を脅かした二人がほぼ同時に没したことは、当時の人々にも衝撃をもって受け止められており、それだけに信長にとっては、格好の武威の宣伝材料となったのである。二人を頼みにして挙兵した義昭もまた信長の武力に屈し、実子を差し出して京都を退去し、これで「天下」を事実上差配するのは信長一人となった。

この書状の書きぶりは、とくに戦果の大きさを当事者である信長の目線から誇大に語る点で、第一章で見た秀吉のそれと通じる部分がある。しかも同じ越前を舞台にして、実際は自害だった義景の首を信長が刎ねたと書き、同様に柴田勝家の首を秀吉が刎ねたと語るのは、偶然の類似としてもなにやら因縁めいている印象を受けてしまうのだが、いかがだろうか。

来年は武田攻めを行う

さて、信長の武威は、この書状の後段でさらに大輪の花を咲かせることとなる。そこでは、すでに信長が全国の平定を目指していることが示唆されていた。

それからというもの、若狭・能登・加賀・越中はすべて信長の分国として、意のままに支配している。また、五畿内は言うに及ばず、中国地方まで信長の下知《げち》に属しているのは明らかである。来年は甲斐に武田勝頼を攻めて、関東を平定するつもりだ。その時には（輝宗にも）連携をお願いしたい。（前掲【史料27】）

実際のところ、北陸諸国では信長に従う中小の武家も現われてはいるものの、上杉謙信などの勢力も浸透しており、とても「すべて信長の分国として意のままに支配している」などといった状況ではない。越前は朝倉氏遺臣の力を借りてどうにか統治している有様で、畿内では三好勢や本願寺など、反信長の勢力の活動が続いている。足元で起きている不都合な真実にはすべて目を瞑り、信長の広範に行き届いた「下知」だけを強調しているのだ。

中国地方までが「下知」に従っているとする認識も、むろん、当地で信長に御礼を遂げて従属を明らかにした諸氏の数は一握りにすぎない。それにもかかわらず、信長とは通交関係にあったにすぎない大名の毛利輝元までが、まるで服属したかのように読める書きぶりである。伊達領から遠い地域については、話に尾ひれをつけても構わないというつもりだったのか、信長の武威は一層強調されて語られるのだ。

都合のいいところだけを最大限に誇張した武威を語りながら、信長は次の標的を武田勝頼に設定していた。「来年は甲斐に武田勝頼を攻めて、関東を平定するつもりだ」との趣旨は、この書状と同時に出された、信長側近の祝重正が遠藤基信に宛てた書状でも記されており（「遠藤山城」二八）、信長側からの伊達氏に対するメッセージの主題となる。信長にとって伊達輝宗は、翌年（天正二年）に予定されている武田勝頼攻めに際しては、戦略的に無視できない連携相手なのであった。

輝宗、応ぜず

では、武威を強調した書状を受け取った輝宗は、どのような対応を見せたのだろうか。信長書状が輝宗のもとに届いたのは、年が明けた天正二年（一五七四）の二月二十一日のことだった（『伊達』二九二、「伊達輝宗日記」同日条）。雪の季節であるとはいえ、岐阜から米沢まで二ヶ月近い日数を要しており、同時期の信長と上杉謙信の通交文書が約一ヶ月で越後に届いているのと比べてみても、その遠さが分かる。

ちなみに書状を受け取った輝宗は、その写しを作って、伊達家中で重きをなす桑折貞長《こおりさだなが》や亘理《わたり》元宗《もとむね》にも送っていることが確認される。中央の新たな為政者との関係形成が滞りなく済んだことは、当主だけでなく家中で共有しておくべき重要案件だったのであろう。

しかし、輝宗はこの後、すぐに信長書状に対応しなかった。もう少し具体的にいうと、輝宗から信長への返信を送った形跡が確認できないのである。これは輝宗にとっての信長が、直接の軍事的な連携相手ではなく、あくまでも必要があった場合にのみ通信する中央の為政者という、儀礼的な存在にすぎなかったことを物語る。信長が声高に武田攻めや関東侵攻を主張したところで、そこに到達するまでには時間がかかることを輝宗は見込んでおり、自発的に急いで信長の傘下に入ることなく、現状では一定の距離を保って通交をするだけで十分であるという判断だったのではないだろうか。

ところが、その距離感が我慢ならなかったのか、天正二年の九月になって、信長から伊達輝宗に進物と書状を送っている。

去年十月の芳墨、たしかに拝読しました。詳しくは返信を送りましたが、その後、無沙汰となってしまい遺憾に思います。鷹は今も元気で「自愛」しております。さて、金襴など五品、珍しくもないものですが、この書状と合わせて送ります。前便でも記しましたが、今後も（輝宗とは）連携を深めていきたいと思います。

（【史料28】〔天正二年〕九月二日付け伊達輝宗宛て織田信長書状）

出された書状に返信を送り合うという、互礼によるのが一般的だった戦国時代の通信のあり方と比べると、この信長書状はイレギュラーである。本来ならば輝宗からの返信を待つべきところを、信長の方から書状を送ってしまっている。形式を無視してでも、輝宗と連携を確保しておきたい信長側の思惑があったようだ。

その背景を読み解くカギは、信長書状が九月二日付けである点にありそうだ。前便で信長が武田攻めの計画を豪語していたはずの天正二年は、蓋を開けてみると、信長の対応が後手に回って遠江の高天神《たかてんじん》城を武田勝頼に攻略されてしまうなど、逆に武田勢の攻勢が強まった年となった。信長は本願寺や三好勢との抗争を続けながら、九月には伊勢長島の一向一揆攻めに着手している。時間的にも軍事的にも、もう年内に武田攻めを仕掛けるような余力はなくなっていた。

その上で信長は、輝宗に書状を送ったのではないだろうか。実際、書状の本文からは「武田」「関東」の文字は姿を消している。予定していた武田攻めが遠のいたからといって、すぐに疎遠になるなよ、というメッセージだったのであろう。しかも前年の書状が有名な「天下布武」の印を用いた朱印状だったのに対し、こちらはより厚礼とされる花押が据えられている。書式の点でも、信長は輝宗に譲歩しているのだ。

ちなみに、輝宗は天正二年に一年間分の日記を残しているのだが、この信長書状については到着に関する記事がない。前便と同程度の所要日数ならば同年十一月までには届いたはずであるにもかかわらず、である。輝宗にとって前便ほどの重要性がなかったためか、それとも新たな天下人の有言不実行に呆れたのか、いろいろと想像力を掻き立てられる一通なのである。

長篠の戦果と影響

そんな信長と武田勝頼の力関係を大きく変えたのが、天正三年（一五七五）五月二十一日に起きた長篠の戦いになる。三河長篠城を包囲し、攻勢をかけた武田勝頼の軍勢が、信長と徳川家康の連合軍を前に、敗北を喫してしまったのである。今回は信長側にとって防衛戦にあたるため武田領に攻め込むことはなかったが、信長は一矢報いた喜びを各方面に高らかに語り、京都には特使を派遣してわざわざ戦果を報告したほどだった。

伊達輝宗のもとにも、直接か間接かは不明だが、この勝報は届けられた可能性が高く、まもなく輝宗は鷹と馬を贈っている。それらが信長のもとに届いたのは十月十九日のことだった（『信長公記』巻八）。輝宗への返礼を伝える信長書状は、長篠から五ヶ月を過ぎているにもかかわらず、ますます武威を強調している。

（信長は）畿内は言うまでもなく、西国までをも傘下に収めている。しかし甲斐の武田勝頼は義にそむき、五月に三河・信濃国境に攻め入ってきたので、すぐに出馬して合戦で打ち負かし、甲斐・信濃・駿河・上野四ヶ国（武田勝頼の領国）の武将たちを討ち取った。また八月には越前・加賀の凶徒数万人をなで斬りにし、即時に平定した。凶徒の多くは一向一揆の類で、信長の相手にもならないものだが、今の天下の治安を脅かすものゆえ、退治しなければきりがないので討ち果たした。関東もそのうち支配下となるであろう。その折は緊密に連携しよう。

（【史料29】〔天正三年〕十月二十五日付け伊達輝宗宛て織田信長朱印状写）

信長が畿内から西国までも従えているという認識は、この二年前に輝宗に出した書状から変わっていない。伊達領から遠い地域については、最大限に信長の武威を強調して語るのも前便と同じ傾向である。つづく長篠の報告では、関東をも含む武田領の諸将を討ち取ったとし、八月の越前一向一揆攻めでは「数万人をなで斬り」にして加賀まで「平定した」とする。武田領も越前も、畿内と伊達領を結ぶ東山道・北陸道の経由地であることを踏まえての、戦果の強調であろう。

さらに信長が関東への進出を語り輝宗との連携を求めるのも、天正元年と共通している。この書状の冒頭で信長は、「詳しくは来年春に申し送る」としており、輝宗側近の遠藤基信にも「来春」の連絡を約束していた。計画では年が明けて天正四年の春に、信長は関東問題に一歩踏み出し、伊達輝宗とのさらなる連携を予定していたのである。

信長への一味は天下のため自他のため

その約一月後、信長は常陸の佐竹義重、下野《しもつけ》の小山秀綱《おやまひでつな》、陸奥三春の田村清顕に書状を送った。いずれも信長側からの初信であることを冒頭に記した、次のような内容のものである。

初めて書状を送る。そもそも甲州の武田氏のことは、信長方に対し近年従わず、不義を構えている状況が明らかでどうしようもなかった。そこで今年五月に、三河・信濃国境で一戦を遂げ、武田領四ヶ国の武士たちを多数討ち取り、鬱憤を晴らしたところである。おそらく世間にも知れ渡っていることであろう。武田勝頼一人を討ち漏らしたので、（近々）武田領に向け出馬し、退治するつもりである。その際は信長に一味することが、天下のためにも、そなた自身と周囲のためにも得策となろう。詳しくは小笠原貞慶から伝達させる。

（【史料30】〔天正三年〕十一月二十八日付け佐竹義重宛て織田信長朱印状）

一読して分かるように、長篠の戦果と、その延長線上に予定している武田攻めを掲げて、諸氏に信長への「一味」を呼びかけるものとなっている。その「一味」とは、むろん対等な関係ではない。「天下のためにも、そなた自身と周囲のためにも得策となろう」という高圧的な表現に示されているように、信長への軍事的な従属にほかならない。もし武田氏に通じようものなら、信長への敵対と見なされ、「退治」の対象となることは明らかであろう。

また、長篠や武田領侵攻計画の書きぶりは伊達輝宗宛ての書状と同じ表現だが、こちらでは畿内・西国に関する言及がない。これは信長が、佐竹氏らを伊達氏よりも格下と認識し、あえて西日本の情勢を伝えるまでもないと判断したためであろう。こうした書き方からすれば、現在史料が残されている三氏に限らず、東日本の中小規模の諸氏の多くに宛てて送られていた可能性が高い。あるいは信長にいまだ通信を果たしておらず、武田攻めに従軍する可能性のある諸氏に、手当たり次第に送ったものだったのかもしれない。

ちなみに「天下のためにも、そなた自身と周囲のためにも」という言い回しは、第一章で見た、秀吉が毛利輝元に九州出陣を促すなかで発した「天下国家のための出陣であるけれども、これは毛利家の面目にもなり、さらには九州諸国の諸氏のためでもある」と同じ論法である。天下人の仕掛ける戦争は公戦としての側面を持ち、それに従軍する武家諸氏は、自家の面目を高めて周囲からも評価されるというのだ。武威を掲げる天下人が唱えた自己中心的な論理だが、これが天正三年になって公然と主張されたことに、長篠で勝利した信長の高揚感を見て取るべきだろう。

信長が見た日本諸国の服属状況

佐竹氏らに宛てた書状のなかで、信長との間の取次役となっている小笠原貞慶は、もと信濃守護だった家筋である。武田信玄の信濃侵攻を受けその地位を追われていたが、流浪の末に、天正三年ごろから信長に見込まれ、東国諸氏との間の仲介役になっていた（［粟野二〇〇一］）。その貞慶にも佐竹氏ら宛ての書状と同日付けで、信長から書状が送られている。そこでは、長篠や続く美濃岩村城攻めの戦果を長々と語って、信長による信濃攻略が近づいていることを知らせている。さらに興味深いのは、この時点での信長が認識していた日本諸国の情勢が記されている部分である。

陸奥の伊達氏とは頻繁に通信しており、こちらも問題はない。北陸には今年八月に出馬し、越前・加賀の一向一揆をすべて撫で斬りにして、すぐに鎮圧し、（柴田勝家ら）城代などをしっかり命じた上で凱旋した。畿内では何も起きていない。大坂本願寺がさまざまに懇願してきたので、寺内を囲む堀・塀などを破壊した上で、赦免してやった。中国地方は、信長の分国となって、毛利氏・小早川氏等は織田家の家人も同然である。九州については、大友氏を始め、信長に連携するようになった。このような日本諸国の情勢は、周知の事実である。ついては関東の諸氏が一味をして信長に従えば、天下の平和な統治は確実となる。

【史料31】〔天正三年〕十一月二十八日付け小笠原貞慶宛て織田信長朱印状

例によって、信長中心の武威が語られている。伊達氏との通信の頻繁さ（原文では「連々」）、本願寺との和睦が一時的な停戦にすぎないこと、毛利氏などが「織田家の家人」となったなど、いずれも事実を信長本位で解釈した場合の一方的な見解にすぎない。開いた口がふさがらないようなフィクションには違いないのだが、金子拓氏が指摘するように、ここには信長の統治構想の一端を垣間見ることができる（［金子二〇一四］）。

まず信長としては、奥羽の伊達氏、中国の毛利氏、九州の大友氏など、地方で広域に影響力を持つ大名と軍事的な協調関係を持つことが重要であった。彼らとの通交が成立すると、それを、天下人である信長を頂点とした上下の関係に読み替えていき、彼らが「家人」となって従属していると喧伝していく。これはつまり、地方で影響力を持つ大名を服属させたことが、その地方全体も信長の統治下に入ることと同義であり、これによって信長は支配空間としての天下を広げていくのだった。フィクションを込めた武威を語り、服属者が拡大しているると主張することが、天下人信長にとっては日本統一を進めるための重要な仕掛けとなるのである。

将軍を超えた信長

こうした武威を公然と語り始めたことから、この小笠原貞慶宛て書状や佐竹氏ら宛ての書状が作られた十一月二十八日が、信長にとって一つの節目であると評価できるだろう。それは、畿内政治史の上でも大きな意味を持つ日であった。じつはこの日、信長は嫡男信忠への家督相続を表明し、織田本領とされる尾張・美濃と岐阜城を信忠に譲ったのである。信忠に居城を明け渡した信長が、次に選んだ本拠地は近江安土であった。陸の東山道と琵琶湖の水運によって都と緊密に結びついていたこの地に、大規模な築城普請が始まるのは、翌年正月からのことである。

信忠に家督を譲る前に、信長は朝廷から権大納言・右近衛大将《うこのえだいしょう》に補任されている。前代までの室町幕府将軍足利氏にとって、二つの官職は政治的に重要な意味を持つものだった。権大納言は将軍職を後継者に譲った人物、いわゆる「大御所」の補任されるものである。一方の右近衛大将への任命は、源頼朝が幕府樹立の画期としたことから以後の将軍家にとっては征夷大将軍職以上に重要視されてきたポストであり、足利家の代替わりを象徴するものと認識されていた（[橋本二〇〇二]）。実際、時の将軍足利義昭も、上洛の翌年に権大納言には補任されたが、右近衛大将補任は先送りされている。その右近衛大将に任じられた信長は、武家の任じられる官職の上で義昭を超越したのである。

織田家を超越し、足利義昭を超越する立場を獲得した信長が、さらに支配拡大を強く意識し始めたのが、この十一月であった。そのなかでも大きな課題となる関東に対しては、武田攻めという軍事的な圧力を用意して、諸氏の去就を見極めようとしたのである。その効果は早くも翌年に表われ、天正四年（一五七六）六月には、佐竹義重が常陸介《ひたちのすけ》に、下野の佐野宗綱が但馬守《たじまのかみ》に任じられている。これは信長の推挙を受けたものであろう。佐竹氏も佐野氏も、関東で支配領域を広げようとしている北条氏から攻勢にさらされている共通点を持っており、その北条氏は武田勝頼と同盟中で信長とは通じにくい状況にあった。武田―北条と対立する織田―佐竹氏らという対立軸が、関東では形成されつつあったのである。

それとは対照的なのが奥羽である。信長が主導する対立軸形成とは無縁だった奥羽では、あえて旗幟《きし》を鮮明にするほどの必要性は低かった。ひとまず信長との表面的な通交を続けながら、政局を見守ることで十分に対応できたためであろう。伊達輝宗については、天正四年において積極的に信長に通じるような動きは確認できないのである。

信長と上杉謙信との訣別

じつは、もともと佐竹氏ら関東の反北条氏派の諸氏が頼りにし、盟主的な立場にあったのは上杉謙信だった。だが謙信は、天正二年閏十一月の関宿《せきやど》城救援に失敗して以来、関東に大規模に軍勢を繰り出すことはなかった。佐竹氏らが信長という新たな庇護者を求め、そこに靡《なび》いていったのは、関東における謙信の影響力が後退した結果であるとすることもできよう。だがこれは織田―上杉の関係にとっては諸刃の剣となる。信長が露骨に関東に介入し始めたことで、それまで表面上は蜜月を保ってきたはずの信長と謙信の間柄も、徐々に冷え込んでいった。

前後して西日本の政治情勢も一変した。詳しくは次章で見ていくが、京都を追われた足利義昭が、天正四年の初頭に毛利領国の備後鞆《とも》に迎えられ、これによって毛利氏と信長の対立が決定的なものとなってしまうのである。さらに義昭は、反信長の可能性のある諸氏に宛てて精力的に連携を働きかけ、本願寺や武田勝頼らを陣営に引き込んだ信長包囲網を作り上げようと躍起になっていた。

義昭のこの動きに、信長との関係が冷え込んでいた上杉謙信が呼応する。謙信は天正四年の後半から越中・能登攻略を進めていき、越前から加賀への平定を目指す織田勢との間で、いずれ軍事的な衝突が起きるのは確実となった。

謙信と対峙するため信長は、後背地である奥羽との結束を重視するようになる。そこで目を向けられたのが、上杉領と隣り合う伊達輝宗であった。天正五年（一五七七）七月に、輝宗から鷹が贈られていることが確認でき（『信長公記』巻十）、両者の通交は緩やかに維持されていた。その輝宗に、信長は次の書状を送っている。

【史料32】〔天正五年〕閏七月二十三日付け伊達輝宗宛て織田信長朱印状

謙信が（信長に）仇をなす悪事を働いているので、急ぎ追討する。貴殿は（越後北部の）本庄繁長と談合し、軍勢を出してほしい。追って連絡する。

これまでの輝宗宛てのものと比べると、この信長書状はかなり特殊である。いつものように滔々《とうとう》と武威を語るのではなく、短文で要件のみを記す。それもそのはずで、この書状が記された紙はサイズが小さい、縦が約一一センチ、横は約一八センチという、古文書学では小切紙と呼ばれるものである。たとえば天正元年十二月の信長書状（縦約一八センチ、横約一三四センチの切紙の続紙）と比べてみても、その小ささは明らかであろう。しかもそこに、

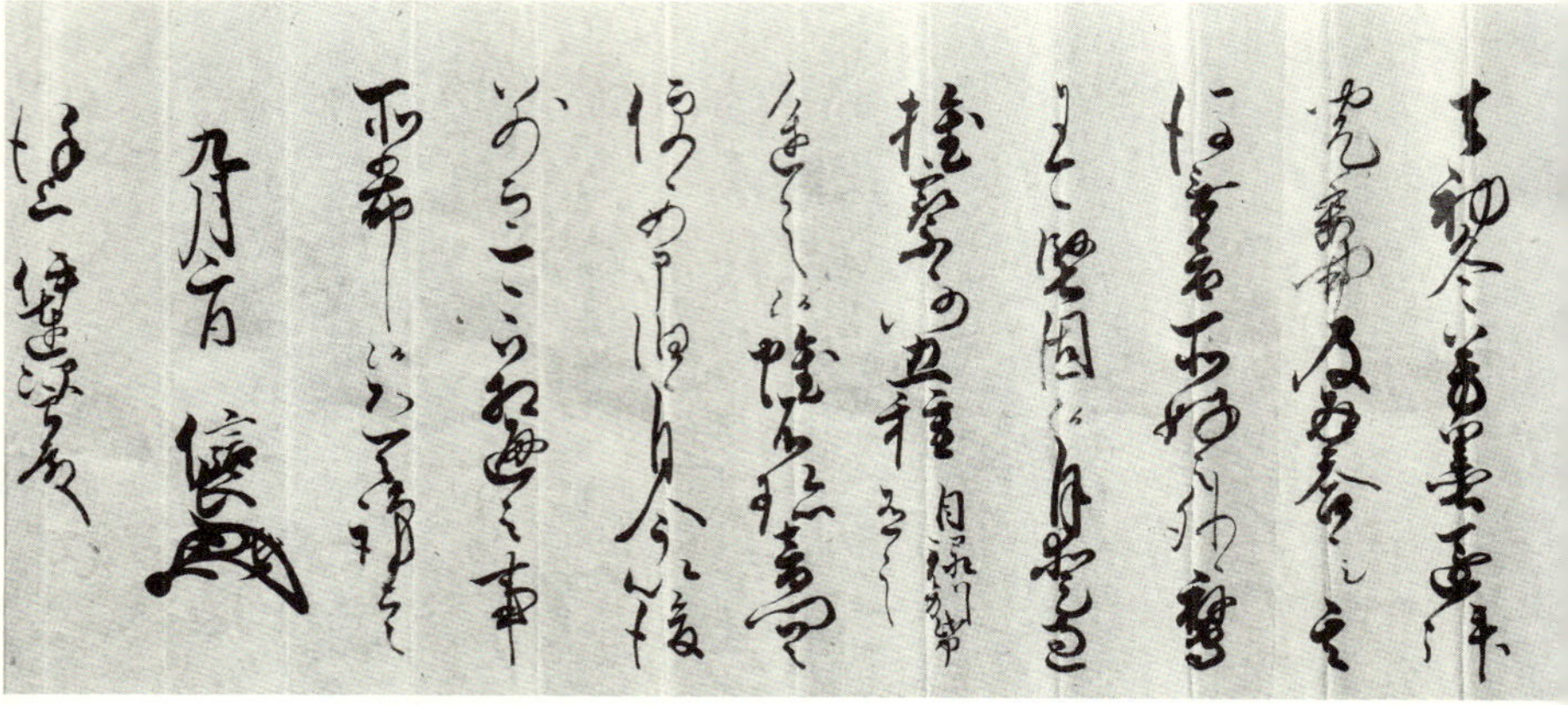

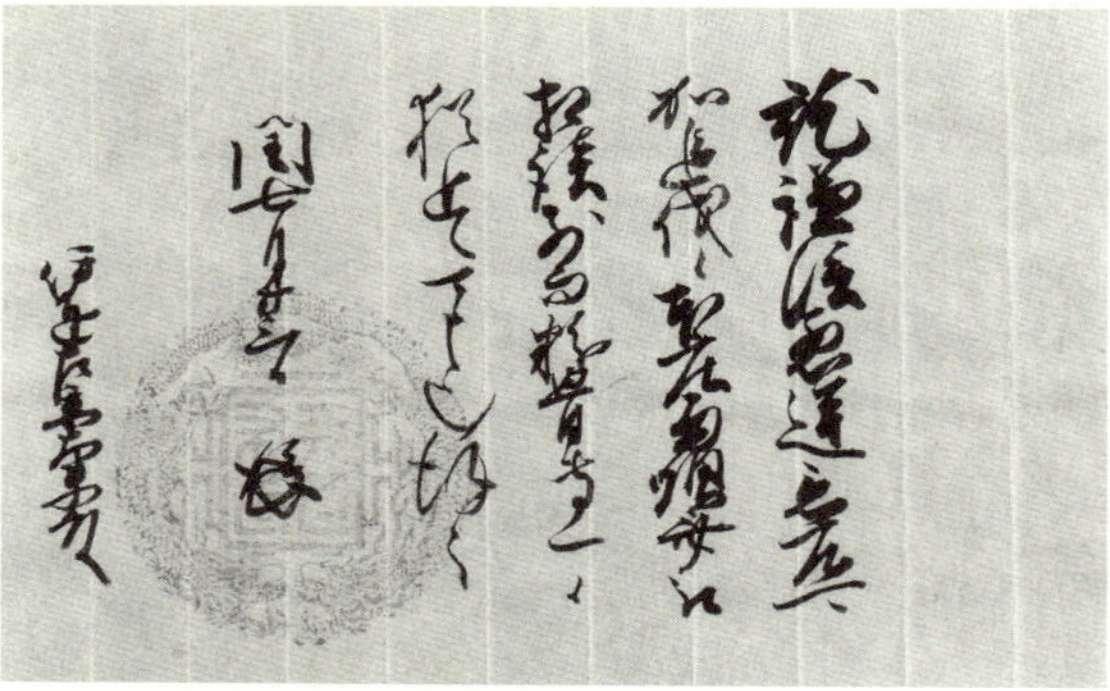

上：（天正２年）９月２日付け伊達輝宗宛て織田信長書状（仙台市博物館蔵）
下：（天正５年）閏７月23日付け伊達輝宗宛て織田信長朱印状（仙台市博物館蔵）
下段の信長書状は朱印の大きさが際立つ。「謹言」や「殿」も、上段の書状より崩れた字体になり、輝宗への薄礼化が進んだことがわかる。

信長書状では珍しい大型の朱印（双龍の「天下布武」印）が居丈高に捺されている。また解釈には示さなかったが、書止文言《かきとめ》もそれまでの「恐々謹言」から「謹言」に変わっているのだ。これらはいずれも、相手に対する様式を薄礼にする時の要素であり、信長が輝宗の扱いを格下げにしたことを示している。信長は輝宗に、圧倒的な上位者の立場から上杉謙信への攻撃を命じたのであり、実質的な内容は軍勢催促状としての機能を持つといえるだろう。

しかし、輝宗や越後北部の本庄繁長を煽動して後方を攪乱させようとした信長の狙いは外れ、謙信は加賀に進撃した。上杉軍は九月、手取川《てどりがわ》で柴田勝家らの軍勢に攻撃を仕掛け、千人以上を討ち取ったという（手取川の戦い）。謙信が一度引き揚げたため、いったんは休戦となったものの、膠着状態が続いたまま天正五年が暮れていった。

能登と男鹿の感覚的な距離

じつはこの時、もう一人、信長が連携を図った大名がいる。出羽の北部から津軽海峡にかけて、広いエリアを支配下に置いていた安藤愛季《あんどうちかすえ》である。信長からの初信が愛季に送られた天正三年二月から、両者の公式関係はスタートした。愛季は以後、天正四年、五年と続けて鷹を信長に献上し、天正六年六月には信長から太刀が送られていることが確認される（『信長』七一八）。この時期の信長と愛季の親密さは、現存史料による限りでは、輝宗のそれを越えていたと評価しうるほどである。

さらにその翌月、天正五年七月二十二日に愛季は従五位下に叙位された。じつは安藤氏は、かつて朝廷に反逆した長髄彦《ながすねひこ》の末裔という独特な系譜認識を持っていたのだが、これは朝廷にとって「勅勘（天皇の命令による勘当）」を受けた先祖を持つに等しく、愛季の叙位には朝廷内部で抵抗する動きが見られた。それにもかかわらず、叙位は結果として実現している。次に掲げるのは、その返礼として送られた愛季書状である。

このたび南部縫助を派遣したところ、朝廷に対する信長様の尽力によって、すみやかに私の叙位と勅免の綸旨が発給されました。これほどの厚い御恩に言葉もありません。今後ますます信長様への奉公に励みます。すぐにでも使者を送りたいところですが、海上は秋風なので、まずは御礼の手紙だけで失礼します。（取次となった）羽柴秀吉様にも詳しく連絡します。

（【史料33】〔天正五年〕閏七月十日付け織田信長宛て安藤愛季書状）

今回は信長の強要で実現した叙位であり、佐竹義重らと同様、信長への一味を表明した見返りとして愛季に与えられたものだった。愛季はこれに感激して、信長への臣従を宣誓しているのである。これほどまでに愛季を厚く処遇していることから、信長が日本列島北端の境界領域に関心を持っていたとする見方も出されているが、織田―安藤の関係は、もう少し現実的に考えたほうがよさそうだ。

信長と愛季は、さきほどの愛季返書で「海上は秋風なので」と述べるように、日本海を介した航路で結ばれていた。天正五年当時、上杉謙信が能登・越中へ侵攻していたことはすでに述べたが、その際に謙信の標的にされていたのが、両国の守護家である畠山氏の居城七尾城であり、畠山家中の重臣長《ちょう》氏らは、信長との連携を深めようとしていた。一方、安藤愛季は能代・秋田といった日本海交通の拠点港に影響力を持っており、両者の中間に位置する男鹿半島に脇本城を築き、従五位下に叙されたのと同じころには本拠としていたとされる。緊迫する能登を後方から支援しうる存在として、愛季は期待されていたのではないだろうか。

この点を、両者の通交速度から説明してみよう。愛季の叙位が朝廷で決定したのが七月二十二日、その返札を愛季は翌月十日に送っており、この日付を信用すると、畿内からの使節は愛季の元まで半月たらずで到着した計算になる。信長の書状は、伊達輝宗のもとに届くまで二ヶ月を要していたのに比べれば、四分の一ほどの時間で、距離的には遠方にいる愛季が受け取っているのである。あるいはすでに、能登半島から男鹿半島まで直行するような航路が存在していたのかもしれない。もちろん海上交通には陸上交通以上に制約が大きいのも事実ではあるが、日本海を挟んで能登の「対岸」に位置した愛季の存在感は、北陸の戦国争乱のなかで、あらためて光を当てていく必要があるだろう。

謙信の死と内乱

さて、手取川で柴田勝家軍を蹴散らした上杉謙信だったが、越後に戻った翌年の三月に病に倒れ、そのまま帰らぬ人となった。謙信には実子がなく、養子の二人（姉の子である景勝と、北条氏康からの人質として迎えられていた景虎）のうち後継者を明言していなかったため、両者は上杉家家督をめぐって衝突した。これが当主だけでなく家中も二分し、さらには越後の周辺領主をも巻き込んだ大きな混乱へと発展する。「御館《おたて》の乱」と呼ばれるこの騒動は、進退窮まった景虎が自害する翌年三月まで、約一年間も続いた。

この間、伊達輝宗は蘆名氏とともに越後に介入し、景虎に与したとされる。また信長の立ち位置は明確ではないが、北からの脅威であった謙信が没し、越後で内乱が継続したことは、幸運以外の何ものでもなかっただろう。その信長家臣の大津長昌から、輝宗側近の遠藤基信に宛てた書状を見てみたい。

伊達氏からの書状は、確かに信長様に披露しました。その返信を私からお送りします。謙信死去の後、越後に攻め入り境界地域を破却したとのこと、結構なことです。織田勢も越中に出撃し、一戦を遂げて敵数千人を討ち取り、一国すべてを平定しました。こちらも越後には、すぐに侵攻する予定です。（その時は）伊達領側からも侵入することが重要です。詳しくは小笠原貞慶殿より伝達があります。

（【史料34】〔天正六年〕十月十五日付け遠藤基信宛て大津長昌書状）

越後の混乱に乗じて、伊達勢は領国の境目地域に兵を出し、一定の成果を挙げたらしい。これを信長側は、前年の上杉攻撃命令の延長線上に位置づけ、輝宗から信長への奉公と認識したのである。また越中の平定とは、飛騨から侵入した織田勢が地元の反上杉派と結びついて、上杉勢を退けたこと（月岡野《つきおかの》の戦い）を指している。越中に拠点を得た織田方は、ひとまず輝宗らと越後を挟撃する体制を整えたといえるのだが、肝心の柴田勝家は加賀の一揆勢に妨害されて、越中に入ることもできなかった。織田勢が北陸を制圧するには、まだ時間がかかったのである。

そうした事情もあってか、輝宗は裏で、内乱を克服して上杉家当主となった景勝と外交関係を結んでいる。ただ景勝には、大きな懸念があった。内乱を制するために、景勝は甲斐の武田勝頼と手を結んでしまったのである。長篠で一敗地に塗《まみ》れたとはいえ、武田勝頼は依然として東日本における反信長派の筆頭であり、連携した上杉景勝もまた反信長派となって、織田勢と厳しく対立することとなった。一方でそれまで勝頼と結んでいた北条氏は、御館の乱で景虎を支援していたことから、景勝とは通交することなく、勝頼とも距離を置き始めた。これを機に北条氏は徐々に信長に接近していくようになる。謙信の死は越後のみならず、東日本の大名たちの外交関係をも一変させるほどの影響力を持ったのだ。

柴田勝家の語る「天下」

北陸では、天正八年（一五八〇）になってから、膠着していた柴田勝家軍と加賀の一揆勢との戦線が動きだした。上方で信長と石山本願寺との和睦交渉が大詰めを迎えるなか、加賀の織田勢は一揆勢の隙をついて、じりじりと北上していった。ついに勝家は越中の織田方諸氏との連携に成功し、一気に加賀・能登の制圧を果たしたのである。この時、信濃に影響力を持っていた小笠原貞慶に宛てて、勝家は書状を送り、信濃で「天下一統」を望んでいる諸氏が、信長に「御礼」を遂げるために使節を派遣し、安堵の「御朱印」発給を希望するのであれば、自分が尽力しようと述べている（『信長』補遺二〇八）。信長に味方することは「天下一統」への協力であるという、同調者を募るための一種のスローガンになっているのだが、現存史料では信長自身が「天下一統」と発したものを確認できない天正八年の段階で、家臣の勝家が語っていることに驚かされる。勝家にとって、北陸戦線に投入された自分の存在理由は、信長による日本の「天下一統」を担うためと主張しうるものであった。

同じく「天下」を掲げて、勝家は天正九年五月に輝宗側近の遠藤基信に初めて書状を送っている。まもなく基信からの返書が届き、それに答える書状でも勝家は、「天下」を語っていた。

ご返信を拝見し本望に存じます。輝宗殿が「天下」に従い昵懇な関係を築いていること、素晴らしいことです。今後も密に連携を取り合いましょう。私は北陸方面の平定を担当するため、越前に在国しており、去年には私の力で加賀・能登を平定したところです。今後、上方に御用があれば、私が遺漏なく取り次ぐようにします。

（【史料35】〔天正九年〕九月十九日付け遠藤基信宛て柴田勝家書状）

ここでの「天下」とは、信長を頂点とした政治体制といった意味合いとなるもので、詳しくは第六章で検討する。北陸方面を任された勝家が上杉領との境界領域まで進出したことで、信長に一味して上杉景勝を挟撃する輝宗とは、新たに連携を結ぶ必要があった。その輝宗が「天下」への奉公に励むならば、当然、自身が取次を務める用意があることを伝えたのである。

勝家は、「天下」に賛同するか否かで、つまりは織田方に軍事的に連携するかどうかで、上杉領と境を接する諸氏をふるいにかけようとしたのである。すぐに遠藤基信が返信したように、奥羽の諸氏も迅速に、越中に進出した織田勢への対応を取らざるをえなかった。前年の三月には伊達氏の使節が上洛し、朝廷から御斎会《ごさいえ》費用の負担を命じられている（「醍醐寺文書」）。翌天正九年七月には、安藤愛季や出羽庄内の大宝寺義氏からの使者が信長に届き（「信長公記」巻十二）、八月には会津の蘆名盛隆が初めて使者を上洛させ、三浦介《みうらのすけ》に任じられている（「当代記」ほか）。北奥羽の諸氏は天正七年にも使者を送っており、愛季は翌八年に従五位上侍従に補任されていることから、信長との通交は一定の頻度で継続していたのだが、天正九年になって蘆名氏が初めて通交している事実は注目される。「天下」が遂行する上杉攻めを支持し、それへの従軍を惜しまないという名目で、奥羽の諸氏は信長へ服属していくことになった。

しかし上杉領は、新当主景勝のもとで結束を取り戻しつつあり、本格的な上杉攻めは先送りされたまま天正九年は暮れていった。

信長の「一統」に期待する輝宗

天正十年（一五八二）、信長は年明け早々から武田勝頼攻めに着手した。詳しい過程は第六章で辿っていくが、織田信忠軍の快進撃を受けて、勝頼は三月に自害してしまう。主君を失った武田領国は信長に併呑され、もっとも東端に位置する上野には滝川一益が入った。一益は信長より関東の「警固」と「仕置」を命ぜられたとされる（「信長公記」巻十五）。この前々年に北条氏政が信長への連携を決断し、これを織田側では信長「分国」になったものと理解したように（「信長公記」巻十三）、関東は織田方に従う者が増えつつあった。

まもなく輝宗も、おそらくは戦勝を祝して信長に馬を贈り、一益にも書状を送っている（「家忠日記」ほか）。この機を見て、輝宗は積極的に動き始めた。側近の遠藤基信が常陸の佐竹義重に送った書状を見てみよう。

あえて書状をお送りします。甲斐の武田氏が敗れ、上野方面にまで上方軍勢（織田勢）が攻め込んできたとのこと。関東の諸氏の支配に変化はないでしょうか。気がかりであると輝宗様も申しております。北陸方面のことは、柴田勝家を主将とする織田勢が越中に進出しました。伊達家にも頻繁に信長様から説明があったので、出羽・陸奥両国の諸氏のうち大半と連携し、柴田勝家を介して「御挨拶」を済ませました。（伊達家は）長年、信長様とは昵懇の間柄なので、これからの「天下一統」への奉公に励むつもりです。とはいえ、武田氏の滅亡は嘆かわしく存じます。今後は、遠く離れてはいても佐竹家と伊達家とが親しく協力していけば、もしもの時に力となるでしょう。どの国であっても油断は禁物です。さてこの春、佐竹氏から使節を派遣され、相馬―伊達間の和睦調停をされました。当方の申し分はすべてお伝えしたところですが、お聞き届けいただけたでしょうか。佐竹氏が相馬側に有利な調停案を出されたことは想定外で、遺憾に思っています。

（【史料36】〔天正十年〕六月一日付け佐竹義重宛て遠藤基信書状）

織田勢進出という新事態に際し、関東情勢や佐竹氏の対応を探る書状である。すでに前年、伊達氏など奥羽の諸氏は、柴田勝家を介して信長への「御挨拶」を完了しているゆえか、勝家の掲げていた「天下一統」に乗じて、信長への奉公に走り始めた感のある書きぶりである。同時に、輝宗自身の進める相馬氏との戦争は継続し、佐竹氏の提案してきた相馬氏の主張に寄せた調停案を拒絶しながら、さらなる連携を求めている。伊達氏にとって、信長への臣従と自領の戦争は、両立する政策であったことに注意しておきたい。

同じころ、輝宗は佐竹氏と隣り合う陸奥の岩城氏にも書状を送り、相馬攻めへの援軍を要請しつつ、関東に進出してきた信長への「御挨拶」の必要性を説いている（「仙台市博物館所蔵文書」）。そこでは、蘆名氏や最上氏など奥羽の諸氏が、信長に対する伊達氏の対応を踏襲していると説明しており、かつて室町幕府から奥州探題職に補任された由緒をもとに、この局面でも諸氏の上位に立って主導権を握ろうとする輝宗の思惑が浮かび上がる。

だが輝宗が頼みにした信長は、すでにこの世にはいなかった。六月二日未明に起きた本能寺の変によって、信長を頂点とした「天下」は崩壊してしまう。輝宗が嫡男政宗に家督を譲ったのは、それから約二年後のことだった。

信長の武威の変化

以上、伊達輝宗に軸足を置いて、信長が進めた奥羽・東国の諸氏の服属の様子と、そこで語られた武威を見てきた。信長と輝宗の関係は約十年に及ぶが、その史料状況は、後半になると信長から直接輝宗に宛てた書状が姿を消してしまう。これは、信長が戦場の前面に出る機会が減り、配下の武将が織田勢を率いて戦争を展開する、谷口克広氏がいうところの「方面軍」（［谷口二〇〇六］）の動きが顕著になる時期と重なる。「方面軍」の機能が充実し、そのリーダーとなった武将たちが発給する文書が増えていくということは、信長の軍事的な組織体制の整備が進展した証しである。

あわせて、それまで信長が語っていた武威は、柴田勝家ら家臣たちの書状のなかで語られるようになっていった。ただここで注意が必要なのは、家臣たちの書状の方が、主君の武威をより高めて語る傾向にあることだ。織田勢を率いて最前線に送り込まれた彼らの主たる任務は、抵抗勢力の屈服であり、その軍事的な支援を求めるため、周辺諸氏に連携を促していくことにある。成果を獲得するために、主君信長の正当性を声高に叫び、信長の支配の絶対性を主張していくのだ。信長発給の書状のなかでは確認できない「天下一統」が、柴田勝家の口から発せられ、それに賛同した輝宗も諸氏を説得する過程で口にしていたのは、当時の織田政権の構造によるためといえよう。

家臣が主君の武威を誇張する傾向にあることは、天下人秀吉の時期にも石田三成や富田一白の書状から確認できた（第二章）。そこでも指摘したことだが、家臣の書状に記された政策・方針と、その主君である天下人の政策・方針とは、必ずしも同一であると限らない。家臣は自身の立場で、与えられたミッションを有利に進められるように、主君の武威を補整して語るのである。主君の文書と臣下の副状のような対応性がないものは、家臣らが一次史料に記したことであっても、ともすれば利己的に、あるべき願望として語られた虚構である可能性は否定しきれない。

そのような前提に立つと、たとえば本能寺の変後に混乱した関東情勢のなかで、徳川家康が発した「信長の在世時のように関東諸氏も「惣無事」の状態になるのが得策です」（〔天正十年〕十月二十八日付け徳川家康書状、〔中村一九五八〕三八五頁）という言葉も、文面のまま「信長が関東「惣無事」の構想を持っていた」と理解するには慎重であるべきである。当時、家康は北条氏と抗争中だったが、織田信雄・信孝の要請を受け、和睦に転じた直後だった。和睦の大義を主張するため、信長の存在感を高めてその恩義に報いるという論理を採り、それによって家康に味方してきた反北条の諸氏にも広範に停戦（すなわち「惣無事」）を促すのである。家康の上位者である信長は顕彰すべき天下人であり、そこで語られる「惣無事」も、天正十年春に急ピッチで進撃してきた織田勢を前にした関東の一時的な停戦状況を、誇張しているものと考えるべきであろう。

このように見ていくと、天正十年春の時点で信長政権が関東を「事実上統一」していたという評価（〔竹井二〇一二〕ほか）にも、その内実については再考の余地が生まれてこよう。はたしてこの時の信長は、そこまで完全に関東を平定していたのだろうか、という疑問を消し去ることができない。少なくとも奥羽に関しては、輝宗は信長への軍事的な従属と自身の戦争継続を並行して進めていたことは確かである。また、天下人による統一と戦争状態の停止が、必ずしも同義語でないことは、本書第一〜二章でも確認してきたところであった。

どうやら信長政権末期、本能寺の変直前の状況は、非常に評価が難しい時期だといえるのではないだろうか。この点を、次章では別の観測地から検証していくこととしたい。

第五章　信長と九州

将軍足利義昭と九州

本章では織田信長と九州とのつながりを辿っていくことにする。だが史料を探してみても、信長と九州の関係を示すものは永禄十一年（一五六八）の上洛直後には、まだ確認できていない。翌年春から、将軍義昭は毛利元就と大友宗麟との紛争を調停するべく働きかけていくのだが、この時も、信長が副状などを出していた痕跡は見られない。どうやら、この和睦調停に信長は直接タッチせず、義昭側が独断的に進めていたようなのだ。

というのも、毛利—大友間は北部九州の権益をめぐって一五五〇年代後半から関係が悪化し、激しく衝突して周辺諸氏を消耗させていった。これに強く介入したのが十三代将軍義輝であり、義輝は自身の親族を派遣して両者を説得し、どうにか停戦まで持ち込んだのだった（［宮本一九七四］）。毛利—大友間調停は、義輝にとって主要政策の一つとなっており、義輝の死後に再発した紛争を調停することは、義昭にとって兄義輝の遺志を継承するとともに、義輝後継としての自身の正統な立場をアピールする絶好の材料となっていたのである。しかし義昭の調停は功を奏さず、毛利勢と大友勢は、同年に門司城など北部九州で激突するに至った。

義昭による調停は、その後も続けられていく。長期化した調停に信長が関与してくるのは、ようやく元亀《げんき》二年（一五七一）二月になってからである。この時、義昭からの調停特使として久我《こが》宗入《そうにゅう》の豊後派遣が決まり、それを大友宗麟に伝えた義昭の御内書《ごないしょ》が二月二十三日付け、同じ内容の信長書状が二月二十八日付けで出されている（「大友文書」）。五日間のタイムラグは、当時義昭が京都に、信長が岐阜に滞在していたためであり、京都で作った義昭らの文書を、わざわざ岐阜に運んで信長の書状を発給し、そろえて大友氏のもとに送っている経緯が分かる。これほど手間暇をかけてまで信長の副状が必要とされた理由は、前年（永禄十三年）正月に行われた信長から義昭への申し入れにあるのだろう。この時、義昭が諸国に御内書を出すに当たり、信長からも書状を出すことが両者間で合意されており、信長は義昭主導の政策にも副状を出すことで関与するようになったのである。

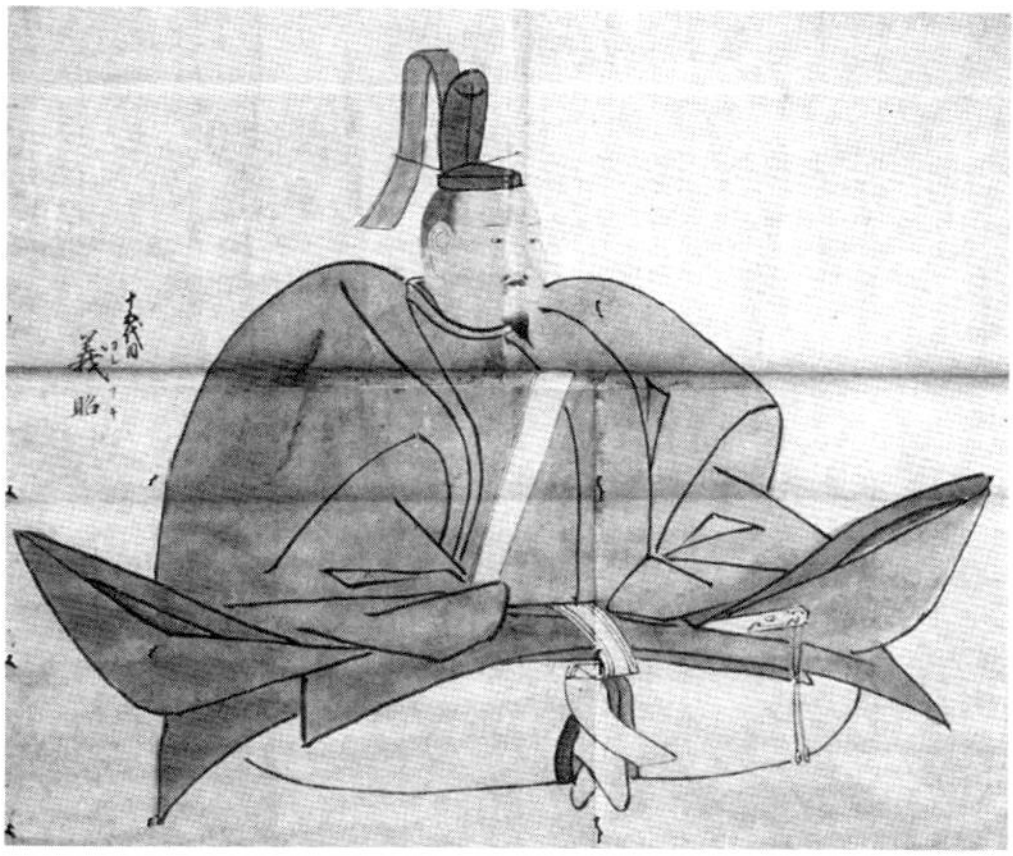
足利義昭像（東京大学史料編纂所所蔵摸写）

　ともかく、こうして信長と大友宗麟との間の通交が始まった。両者間には頻繁な往来があったようで、翌年には宗麟から信長に対し、自身の上洛を希望している旨が伝えられている。この時、信長が毛利氏の外交窓口であった小早川隆景に送った書状を見てみよう。

【史料37】〔元亀三年〕五月二日付け小早川隆景宛て織田信長書状

さて大友宗麟は、長年上洛を望んでいるとのことである。近年もその準備を進めたのだが、毛利氏との関係が悪化したため、計画を取りやめ、なお返答を送ってこない。どのように対処するべきだろうか。中央の政治を信長が支えている状況で、「遠国の仁」が上洛すれば、京都の幕府にとっても、信長にとっても、（統治の安定を示すものとして）プラスに働くだろう。毛利氏側も熟慮され理解を示してもらえれば、その旨を大友側に伝達しよう。かりに宗麟上洛が実行されたとしても、信長と毛利氏の間柄に疎意を挟むことはないので、なにも疑念を持たれることはない。

宗麟の上洛実現を図るべく、対立中の毛利氏に信長から働きかけた書状であり、信長の政治を考える上で、興味深いレトリックがいくつも出されている。なかでも「遠国の仁」の上洛が、幕府にも信長にもプラスに作用するとの認識に目を引かれる。いうまでもなく遠国出身なら誰でも良かったわけではなく、相応の権勢を持つ者であることが必須条件になるのだが、宗麟クラスの大名の上洛が中央の為政者の名声を高めるという政治的効果を及ぼす点は、本書でも見てきた秀吉期の大名上洛と通じる部分がある。また、宗麟が上洛しても毛利氏との関係が悪くなることはないという一文は、たんに毛利氏を宥《なだ》めるだけでなく、暗に毛利氏側の上洛を促す文脈にもなっているといえよう。

信長の要請を受けて、宗麟上洛を毛利氏側は認めた。翌年（元亀四年）、おそらく宗麟は上洛の準備を始めていたはずなのだが、やむを得ない事情により頓挫してしまった。京都で足利義昭が、信長に抵抗して挙兵したのである。

大友を始め手に入り候

しかし義昭は、あえなく元亀四年（一五七三）七月に京都を退去した。かつて信長の軍事力によって京都に入った義昭は、信長の軍事力によって京都を追われたのである。義昭は堺に逃れ、まもなく紀伊熊野に移っており、こうした事態を信長は、義昭が「天下を棄て置」いたものと表現している（『信長』三七七）。その将軍不在となった京都では、義昭の実子を確保した信長が政務を執ることとなった。この間、毛利氏は信長と通交関係を保ってはいたものの、天正二年から備中への侵攻を開始しており、播磨攻略を進めている織田勢と衝突するのは時間の問題となっていたといえよう。

一方の大友氏は、この時期の信長との関係を示す具体的な史料を欠いているため、詳しいことは不明である。ただ、厳密には一次史料とはいえないものだが、この頃、信長が九州に働きかけを行っていた痕跡がある。たとえば、別本「大友記」には天正三年（一五七五）に、信長が宗麟に「鬼月毛」という名馬を贈った記事が出てくる（「武田一九九六」）。また同じころ、大友氏と隣り合う日向の伊東氏に関する記録には、信長が鷹を求めて日向に使者を送ったという記事がある（「壱岐加賀守年代記」東京大学史料編纂所謄写本）。信長から伊東氏に宛てた書状も出されたようだが、「前代より織田方との書状の取かハし」が無かったため、返信は出されなかったという。いずれも今後の批判的な検証が必要である史料には違いないのだが、信長が天正三年に九州の諸氏と通交を試みた可能性は捨てきれないのではないだろうか。

そう考える根拠の一つは、やはり状況証拠ではあるが、天正三年五月に長篠の戦いが信長の大勝で終わり、信長が全国的に影響力を構築していこうとした時期にあたっていることにある。前章で紹介したように、この天正三年十一月、武田氏征伐を引っ提げて関東・南陸奥の諸氏に信長は一斉に書状を送っていたが、その同日付けの小笠原貞慶宛ての書状では、「毛利氏・小早川氏等は織田家の家人も同然」「九州については、大友氏を始め、信長に連携するようになった」という高飛車な、しかし信長自身の認識をうかがわせる見方を披露していた（前掲【史料31】）。このなかで、大友氏らが信長に連携するようになったという表現からは、両者の間に一定程度の通交関係が維持継続していたことを想定させる。ただし、かりに通交が進んでいても、大友氏らの臣従は、信長の認識するほど進んでいなかったことは疑いのないところであろう。それでも信長が、大友氏を九州最大の大名として位置づけており、大友氏と連携することで九州への影響力を強化しようとしていた点は動かしがたいものと思われる。

義昭と島津義久

ただ九州では、歴史のなかで北部と南部とで状況が大きく異なる場合があり、この時もそうだった。京都を没落した将軍義昭が、反信長に与する諸氏と連携して勢力を盛り返そうと躍起になっていたことはよく知られているが、その触手は島津氏にも伸びていたのである。信長と袂を分かった翌年、天正二年四月十四日付けで、義昭から島津義久に宛てた御内書が出されていた。そこでは、義昭が紀伊に逃れたこと、今こそ更なる義久の「忠節」が重要であること、使者江月斎を島津領に派遣するので適切な対応を求めることなどが記されている

(『島津』九二)。御内書が出された経緯には不明な点があるとはいえ、義昭にとって島津氏は重要な連携相手なのである。

それというのも、これ以前から義昭は、島津氏と懇意な関係にあった。上洛の翌年、義昭の居城となる二条城造営の費用を伊達輝宗に求めたことは前章で紹介したが、同年六月には島津義久にも、費用拠出を求めている(『島津』八八)。義久は自領での戦争遂行を優先したため、対応が遅れ、返書を作成するのは翌年七月までずれ込むのだが、島津氏一門の喜入季久《きいれすえひさ》を公的使節として上洛させて義昭の将軍就任を寿ぎ、表向きは義昭に従う姿勢を打ち出した。遠路はるばる都に至った喜入季久を義昭は手厚くもてなし、毛利氏の使者以上に懇意を示しただけでなく、季久の帰国する道中を事細かに心配したほどだった(『旧記』後一―五八三)。

それほどまでに感激したのは、義昭の個性に加え、ほかにも事情があった。もともと島津氏は、公家である近衛氏との関係が歴史的に深く、戦国期においても近衛家を媒介にして京都と通交していた([金井二〇〇三] ほか)。一方で戦国期の足利将軍家は、十二代将軍義晴の正室を近衛家から迎えており、その間に生まれた十三代将軍義輝の正室もまた近衛家から迎えている。近衛家は五摂家の筆頭、つまりは公家社会のなかでの頂点に君臨する家であり、足利氏という武家の頂点と公家の頂点とが、政略的に縁戚関係を結んでいたことになる。しかし両者の蜜月は、後述するように義昭の時期に破綻してしまった。近衛家と疎遠になった義昭は、島津氏との通交を取り持ってくれる媒介者をも失ったのである。その状況下での喜入季久の上洛は、近衛家不在という難関を潜り抜けて実現したものであるだけに、義昭にとっても政治的意義の大きいものだったはずだ。わざわざ懇意を示してくれた感激の記憶が冷めやらぬ義昭にとって、紀伊に逃げ延びた後も、島津氏を頼りにしようとしたのは自然な流れであろう。

しかし島津義久は、この時点で義昭の支援を明確にはしなかった。それどころか、薩摩に下向してきた義昭の使者江月斎に対して、薩摩・大隅・日向の武家諸氏に対する御内書発給を停止するように求めている（『上井覚兼日記』天正二年閏十一月十八日条）。この三ヶ国は、島津氏が代々守護職を継承していると主張している国々であり、そのなかで将軍から直接に御内書を受け取ることができる権利は、守護である義久のみが掌握するという秩序を作り出そうとしたのであろう。ただ江月斎にとっては、たとえ義久が不快感を示そうとも、広く義昭の支援を取りつけるのが自身の任務であった。彼は少なくとも四ヶ月以上は南九州に滞在していたことが確認でき、忠実に任務を遂行すべく活動していた様子が想像されるのである。

こうして義昭からの積極的な介入という形で、遠く離れた南九州も、思いがけず中央の政局に巻き込まれていくことになる。

激情に身を焦がして

ただし、遠い場所から南九州を気にかけていたのは義昭だけではなく、熱い眼差しを注いでいた人物がもう一人いた。五摂家筆頭の近衛家の当主で、前関白の前久である。じつは前久は、既述のように足利家の縁戚でもあったため、足利義昭とは従兄弟であり義理の兄弟となる。血の結びつきを持った二人であったが、その濃度が反作用したせいか実情の仲は水と油で、まさに因縁の間柄であった。

永禄十一年に信長の手を借りて義昭が上洛した直後、入れ替わるように前久が京都から出奔したため、義昭は前久の関白職を取り上げるとともに、近衛家の邸宅を破壊している（『大日』十―一、永禄十一年十一月是月条）。これは義昭が、父義晴や兄義輝が築き上げてきた公家筆頭との政治的紐帯を、みずから断ち切って葬り去る宣言をしたに等しい。かたや京都を離れた前久は義昭への恨みを募らせながら、その後は本願寺を始め、六角氏・朝倉氏・浅井氏や三好三人衆と手を結び、越前から丹波へと拠点を移しながら、反信長派に身を投じて義昭側と対峙していくのだった。

文字通りの確執というべき義昭と前久の関係を、雄弁に物語る一通の条書が「島津家文書」に残されている（近衛前久条書案【史料38】）。全部で十五ヶ条に及ぶもので、内容が抽象的であるためか従来は看過されてきたが、かつて検討したところでは、近衛前久の行動に合致するものであることが分かった（［黒嶋二〇一〇］）。おそらくは当事者である前久自身の証言によるものと考えられ、当時の政治史を考えるための貴重な情報を含むものである。その最初の二ヶ条を示してみよう。なお、便宜的に条数を丸数字で記している。

①自分（＝前久）と義昭との関係について。

②義昭の改名（永禄九年四月に「覚慶」から「義秋」に、同十一年四月に「義昭」に改名）の文字の選定をはじめ、色々と懇意を反故《ほご》にされたこと。

というように、前久と義昭との間に起きたトラブルや諍いを、順序立てて語っていくのである。これ以降、三条目では、前久が大坂本願寺滞在中に起きた義昭との関係、四条目では三好三人衆や六角・朝倉氏らと義昭との間に一時停戦の調停があった際の経緯が、それぞれ記される。この条書は、前久側の目線に立って義昭上洛後の政治情勢を述べたものであり、そこから判明するのは、前久と義昭の確執が相当に根深いものであったということ、そして、それを改善しようと周囲の信長らが介入したにもかかわらず、結果として雪解けを迎えないままに終わったということである。

この条書が作られた時期は、七条目で信長を「弾正忠」と記し、八条目で「今度御上洛」と記すことから、前久が上洛した天正三年（一五七五）六月末から信長が権大納言となる同年十一月までの間に求められる。ちなみにこの時、前久が上洛した理由は二つある。一つには、ライバルである義昭が前々年に京都を退去したことで、前久が京都を離れている必然性が消滅し、帰るための環境整備が果たされたこと。そしてもう一つは、前久自身が別の書状で述べているように「信長に味方するために京都に戻った」というものである（『島津』六六五）。信長に味方したことは、前久にとって大きな転機となったらしく、条書のなかでも次のように記されている。

⑪自分が信長に与《くみ》したからには、全力を尽くす所存であること。
⑫前久の敵（＝信長の敵）とは通交しないこと。

滔々と根深い確執を語ったあとで、通交しない「敵」といえば、それは義昭を置いてほかにいない。あの義昭だけは許さない。燃え盛る闘志を胸に、近衛前久は信長と手を握る覚悟を示し、全身全霊を込めて信長を盛り立て、義昭方を拒絶していくことを表明したのだ。

激情に流されて

その前久は上洛して久しぶりの都暮らしを楽しむ間もなく、あたふたと南九州に下向していった。天正三年九月のことである。なぜに急遽下向したのか、詳しい理由を記す史料はないが、じつは前久の上洛直後に、島津義久の弟にあたる家久や歳久と対面していることから、彼らを通じて、義昭側の触手が南九州に伸びているとの報告を受けていたことは推測できる。また、さきの条書が「島津家文書」に残されているという事実も一つの傍証となるだろう。戦国期の文書で、このような条書はふつう外交交渉に使われることが多いのだが、これが「島津家文書」に残されていることからすれば、前久と義昭の関係性を島津氏側に説明するために作成されたものと考えられる。これらの点からすると、義昭から勧誘されていた島津義久らを引き留めるために、前久は身を挺して南九州まで乗り込んだ可能性が高い。

前久にとって、それ以外に特定の下向目的がなかったことは、九州に入ってからの彼の行動からも推測できる。肥後の相良氏を経て、薩摩では島津氏の有力一門である薩州家の島津義虎のもとに身を寄せながら滞在している約一年もの間、前久の動きは判然としない。時折、鹿児島まで赴いて義久と対面したほか、相良氏からの依頼を受けて相良―島津間の和睦調停を行っているものの、さして目ぼしい成果は上がっていない。しかも前久自身が、信長から「早々に」帰洛するように言上があったけれども、南九州の「見物」もしたいし、滞在を願う人々もいるしといった調子で弁解しながら、ズルズルと長居を続けるばかりであった（『相良』五五七）。

不透明な前久の滞在目的を、信長の意を受けた島津氏周辺諸氏との和睦調停によるものと憶測する向きもあるのだが、それは深読みにすぎるだろう。史料からは、前久が南九州で、信長の名前を出しながら畿内の政情を語っていることが確認されるのみである。また前久に従って同道してきた伊勢貞知は、伊勢流故実の継承者でもあり、南九州の諸氏に対し故実の伝授を行っていることが確認される（［水野哲雄二〇〇八］）。武家故実が、本来ならば室町幕府の将軍家が管掌しているはずである点を重視すれば、たんに都の文化を地方に伝授したという以上の政治的な意味があったと考えられる。想像するに、武家故実の継承者を、将軍ではなく前久が引き連れることによって、地方武士に対する前久自身の影響力拡大を意図していたのではないだろうか。

義昭に対する激しい感情を念頭に置くと、前久は南九州での義昭派形成を防ぐべく、直接乗り込むだけでなく、義昭に匹敵しうる自身の権威を、ことさらに誇示して回ったものと思えてならない。これ以前にも前久は、上杉謙信に入れ込んで突発的に関東に下向しているのだが（［谷口研語一九九四］）、今回も同じように、それほどの深い考えもなく衝動的に南九州まで乗り込んでしまったというのが真相ではないだろうか。

ところが、そんな前久の熱い思いとは裏腹に、西日本のパワーバランスは大きく動き始めていたのである。

義昭と瀬戸内海

天正四年（一五七六）の末に帰洛の途についた前久は、豊後大友氏のもとに立ち寄った後、海路で土佐を経由し都に向かった（『相良』五八八）。旅人の地位や身分の高さに応じて、より安定的なルートを選ぶのが自然だった当時にあって、海路を行き、しかも瀬戸内海ではなく外洋船に乗っているのは、極めて異例であるといえる。ただ前久には、迂回してでも山陽路と瀬戸内海を通れない理由があった。じつは同年初めに、ライバルの将軍義昭が、備後鞆に入っていたのである。鞆は瀬戸内海に面した港町であり、古代から内海航路の拠点となる良港として知られている。そこに義昭が入ったということは、備後を掌握する毛利氏とその配下にある広範な海上勢力が、義昭派に靡いたことを意味していた。

実際、同年七月には、信長と敵対していた石山本願寺を支援するべく、連携する毛利氏から兵糧が送られており、村上水軍らの乗り込んだ武装船団が、大坂湾で搬入を阻止しようとした織田方の海上勢力を撃破し、壊滅的な被害を与えている（第一次木津川口の戦い）。この戦いによって、兵糧搬入に成功し勝者となった毛利氏と義昭が、瀬戸内海の制海権を掌握した事実を、世間に知らしめることとなった。

毛利氏に迎えられた義昭は、見事に息を吹き返したのである。毛利輝元は義昭を奉じる形で、本願寺や武田勝頼といった広く全国各地の反信長派と手を結び、広域に連携するネットワークを作り上げていった。毛利氏らの支援によって、義昭は反信長派の凝集核となり、その存在感を増すこととなった。

全国的な広がりをみせていく反信長派の連携のなかで、新たに大きな意味を持ち始めていたのが南九州である。長年に渡って毛利氏と敵対してきた大友氏を牽制し、九州に引きつけておくことが戦略上のカギとなるためだ。義昭と毛利氏は、大友氏に敵対する島津氏ら九州諸氏との連携を重視し、さらに深めていくことになった。つい五年ほど前まで、将軍として中立的に毛利―大友間の和睦を促していた義昭が、京都を追われたことで、対立を助長する側に回ったのは皮肉というしかない。

それはともかく、義昭は引き続き島津義久を頼りにしている。義昭が鞆に移った翌年六月の時点で、義久は義昭に対して「相応の御奉公」を約束しており、両者が協調関係にあったのは明らかである（『旧記』後一―八〇四）。天正五年の六月というタイミングからすれば、近衛前久が南九州を離れた直後には、両者が連絡を取り合ったことを示している。あれほどの手間時間をかけた前久の長期滞在の成果と呼べるのは、結局のところ、南九州における義昭派の形成を多少遅らせたにすぎなかったのだった。

島津氏による南九州の制圧

問題は、島津氏らを取り込んだ義昭派と、それに立ち向かう大友氏という対立軸の形成によって、九州の政治情勢が激変したことにある。それまでは大友宗麟が九州の広い範囲に影響力を保持しており、室町幕府と結びついて豊後・豊前・筑前・筑後・肥前・肥後六ヶ国の守護職を得るだけでなく、守護の上位職として幕府が設置していた九州探題にも任じられたほどであった。もちろんその間も反大友の動きを根絶できたわけではなく、本国の豊後を除けば宗麟の支配は貫徹していたとはいいがたいのだが、それでも九州最大の勢力を築きあげていたのは事実である。

ところが毛利輝元が義昭を奉じたことで、龍造寺隆信ら反大友派の諸氏との連携が進み、彼らが大友氏牽制の軍事活動を協同して展開するようになった。九州諸氏のなかで、島津義久はもともと大友宗麟とは友好的な関係にあったが、この間に薩摩・大隅を平定し日向へと進出したことで事態は動いた。島津勢の侵攻に耐えきれなくなった日向の伊東氏が、天正四年に領国を棄てて大友領国に逃れ、宗麟の保護を求めたためである。これで大友氏と島津氏の直接対決は、避けられない情勢となった。

天正六年（一五七八）十一月、伊東氏の旧領回復を掲げる大友氏の軍勢と、迎え撃つ島津氏の軍勢とが、日向高城《たかじょう》付近で激突し、結果は大友方の大敗に終わる（高城・耳川《みみかわ》の戦い）。じつはその背後で、義昭派による介入があった。

毛利氏側の動きとしては、将軍義昭様の御入洛のための軍事行動として、上方への進出に着手した。ところが大友氏が背後で軍勢を出す計画で、これは義昭様の御帰京を妨害しようとするものとなりかねない。そこで毛利からも、周防・長門両国の者に出陣を命じ、九州北部で戦闘を行っている。ついては島津氏も、日向に軍勢をお出しになり、攻略を進めていただきたい。これはすべて義昭様の「御帰洛の御供奉同前」の働きとなる。義昭様への忠義を尽くすのは、今この時にかかっているでしょう。

【史料39】〔天正六年〕九月十二日付け伊集院忠棟・喜入季久宛て吉川元春・小早川隆景連署状

通説では高城・耳川の戦いの敗北によって大友領国に動揺が走り、配下の中小領主たちの離反が進むとされるのだが、その裏では、このような義昭派による調略が進んでいたことが推測される〔黒嶋二〇一〇〕〔伊集二〇一〇〕。この時、義昭派内部での連携がどこまで進んでいたのか、あるいは軍事的な計画性を共有できていたのかなど、詳細は今後の検討が必要となるが、大友氏の衰退という現象は一つの局地的な大敗だけに起因するものではなく、より広域的な、西日本の政治情勢の変化のなかで考えていくべきであろう。

勝者となった島津氏の軍事行動も、義昭への「御帰洛の御供奉同前」の忠功として大義名分を得たのである。義昭に与した島津義久は、巧みに時流に乗って日向から大友氏の影響力を排除し、制圧を有利に進めることができたといえるだろう。

おそらく義久は、義昭と近衛前久の確執や、義昭と信長の敵対状況を見極めながら、現在の状況において何が有効な選択肢となりうるのか、冷静に吟味していたのではないだろうか。その証拠に、義久は義昭との連携を深めながらも、近衛前久に伊東氏追放を報告するなど、京都との通交を疎かにしてはいなかった。義昭一辺倒となるのを避け、多方面に配慮しながら、時々の政局にも柔軟に対応できるようにバランスを保っているのである。日和見ではなく、より戦略的な連携を睨んでいたところに、地域権力として自立しつつある戦国大名の姿を認めることができる。

信長から大友氏への宛行状

苦境に陥った大友氏の様子を見てみよう。南からは島津氏の、西からは龍造寺氏らの、そして北からは毛利氏の攻勢が強まるなか、東の織田信長に支援を求めたのは自然な流れであった。高城・耳川の戦いの翌年、信長は大友宗麟の嫡男義統に宛てて、次の文書を出している。当時の情勢を考える上で大きな意味を持つ内容なので、全文を読み下しで掲げてみよう。

周防・長門両国の事、全くこれを進止あるべし、聊かも相違すべからざるの状、件の如し、

天正七

十一月廿七日　信長（織田）（朱印）

大友左兵衛督（義統）殿

（「大友文書」東京大学史料編纂所所蔵写真帳）

内容は周防・長門両国における大友氏の統治を信長が公認したもの、つまりは信長から大

友氏に両国を宛行《あてが》った文書になる。長門・周防の二ヶ国は、もともと戦国大名大内氏の本領だった地域であり、大内氏が滅びた後、その遺領継承をめぐって激しく衝突したのが毛利氏と大友氏であった。この文書が出された天正七年時点では、両国を統治しているのは毛利輝元であったが、大友氏にとっても継承する権利を持つと主張しうる、それだけに因縁の二ヶ国であった。その二ヶ国を信長が宛行うということは、その前提に、現在の毛利氏領国の解体が既定路線として予定されていなければならない。この文書は、毛利氏・将軍義昭との本格的な対決が近いことを、信長自身が公言したのと同等の重みを持つのである。

なお、領地の宛行《あてがい》を主従関係の根幹とすれば、この文書によって大友氏は、信長を主君とした従属関係のもとに置かれたと考えることができる。その証拠に、「歴名土代《りやくみようどだい》」によると同日付けで大友義統は従五位下左兵衛督《さひようえのかみ》に叙爵されている。信長が連携相手に見返りとして官職を与え、地方の諸氏との関係を強化する材料として朝廷権威を間接的に用いていたことは第四章で触れたところである。これらの点から、天正七年十一月の時点で、大友氏は信長の軍事指揮下に入ったとすることができるだろう。

その大友氏との間を取り持っていたのは、信長側近であり堺代官でもあった松井友閑である。友閑は石山本願寺との戦争において、大坂湾における海上輸送の統制などでも手腕を発揮しており、大友氏との連絡・調整役となったのもその一環であったと推測される。その石山本願寺に対しては、朝廷が介入して信長との講和交渉が進められていた。一時は順調に進んでいた毛利氏からの後方支援も、天正六年十月の兵糧搬入は信長の建造した大船に阻まれて成功せず（第二次木津川口の戦い）、陸上では羽柴秀吉らによる播磨制圧が進んでいた。情勢は少しずつ、本願寺にとって不利な方向へ進んでいた。

大友─島津の和睦調停

これに窮した本願寺側は、天正八年（一五八〇）四月、信長との和睦を受諾する。その条件は、摂津石山からの退去であった。本願寺を跪かせた信長は、毛利氏攻めへの歩みを一つ進めたといえる。

かつて長篠で勝利した信長が、武田氏攻めを掲げて東国・奥羽の諸氏に連携を図っていたのは第四章で触れたところだが、その時と同じように、今回も信長は毛利氏攻めを掲げて後背地にあたる九州に手を入れている。すでに大友氏を軍事指揮下に置いていた信長が目をつけたのは、大友氏と敵対している島津義久である。天正八年八月に信長が義久に送った書状を見てみよう。

初めて書状を送る。さて大友氏と戦争中とのことだが感心しない。やはり和睦するのが適切であろう。それに関連して畿内では、近年石山本願寺が信長に不誠実であったため誅罰を命じていたところである。だが大坂から退散するとして懇願してきたので、赦免してやり、本願寺は紀伊国の雑賀に退去した。これで畿内はすべて「静謐」な状態となった。来年には安芸の毛利氏を攻めに出馬するつもりで、その時、（島津義久が）こちらの意を受けて行動されるならば、それは「天下」に対する大きな奉公となるであろう。なお詳しくは近衛前久殿よりお伝えいただく。

（【史料40】〔天正八年〕八月十二日付け島津義久宛て織田信長書状案）

冒頭にあるように、この書状が、信長から島津義久に宛てた初信である。ここで信長は島津義久に、本願寺との講和が済んで畿内が「静謐」、つまり戦争がない平和な状態となったこと、来年に予定している毛利攻めに従軍すれば「天下」への奉公となること、そのために大友氏との戦争を中止する必要があることを伝えている。

この時、大友氏と島津氏との調停を担当したのは、かつて九州に下向し両者と対面した近衛前久であった。和睦調停のために前久は双方に書状を送っているが、前久のものと思われる覚書が大友氏側に残されている。そのなかの一条には次のようにあった。

一、今回、大友・島津両氏へ和睦を促す信長の朱印状が発給された。自身の遺恨を優先して和睦に反対する大名は「御敵」と見なす。これを念頭に、よくよく和睦実現に向けて調整すること。(【史料41】〔天正八年〕九月十三日付け大友宗麟・義統宛て近衛前久カ覚書)

ここでの「御敵」とは、天正三年の前久条書案での「御敵」を念頭に置けば、信長に敵対するものといった意味合いであろう。調停のため同じ内容の文書が島津氏にも送られたことが推測される。応じなければ信長への敵対者と見なすという強い脅しをかけてでも、和睦調停を進めようとする前久の熱意が伝わってくる。

前久による島津義久の説得

ただ今回、現地に向かったのは、前久自身ではなく、前久とともに九州に下った経験を持つ伊勢貞知が使者となって、大友―島津間の調停の実務を担った。おそらく、この和睦調停を要請してきたのは、すでに信長に通じていた大友氏側であったから、使者のおもな作業となるのは島津氏側の説得である。

前久の脅しと貞知の説得の甲斐あってか、翌年六月になって、ようやく島津氏側の和睦調停に対する答えが出された。この時、島津義久から伊勢貞知に宛てた返書が作成されている。

このたび「上様（信長のこと）」より御朱印状を拝領しました。遠方の国ですので、いまだご挨拶ができていないこと、私の意図するところではありません。さて大友―島津間の和睦調停を行われ、詳しいご指示をいただきました。私の思うところも多々ありますが、双方ともすべてを捨てて、ご意向に沿って受諾いたします。今回の件をきっかけに、今後とも「盟約」を願うところです。また、「隣国」への出馬を準備されているとのことで、その折には私も「相当の馳走」を果たすことにします。（信長に）長光の太刀一腰、馬一疋を進上いたしますので、近衛前久様より、よろしくお取り計らいのほど、お願い申し上げます。

（【史料42】〔天正九年〕六月二十八日付け伊勢貞知宛て島津義久書状案）

表現のうえで宛所は伊勢貞知になっているが、文書を作成した島津氏側が端裏に付したメモには「信長への返礼」となっており、事実上は信長に対しての返書であった。これによって義久は、大友氏との和睦を正式に受け入れたのである。

この返書のなかで義久は信長を「上様」と呼んでおり、和睦調停の受諾だけでなく信長への臣従までも、あっさりと自ら望んだかのように読める。実際にこれまでの研究でも、この文書に基づいて島津氏の従属と捉え、すなわち、信長が南九州まで支配下においたものと理解するものが多い。だが本書でこれまで見てきたように、中央の認識と地方での認識にはギャップがある。この文書についても、いま少し丁寧に掘り下げて考える必要がありそうだ。

義久の真意は軍事同盟の受諾

この義久返書には、同じような内容を持つ案文が「島津家文書」に残されている。作成時の草案段階の一つと推測されるものだが、そこでは次のようにあった。

私の思うところも多々ありますが、（信長からの）御朱印状を頂戴したことは忝《かたじけな》いので、双方ともすべてを捨てて、ご意向に沿って受諾いたします。今後とも、遠国ではありますが、「会盟」の間柄となれば嬉しく思います。　【史料43】〔年月日欠〕島津義久書状案）

このように、草案には「上様」との表現はなかった。また義久老中たちの返書案でも「信長様」と記されており、島津家全体として、天下人信長への臣従を表明したものとは言えないだろう。「上様」という表現は、あるいは、薩摩に下向して義久らを説得した伊勢貞知が、裏で振付師となって、指導して書き入れさせたものだったのかもしれない。

ともかく義久の意向は、表向きは大友氏との和睦を受諾しておき、信長の毛利攻めが実行に移されるまでは、直接的な服属を先送りしようというところだったのであろう。義久としては当初、和睦要請を受諾しつつも、信長への臣従の度合いを強めることなく、織田―島津の軍事同盟（「会盟」「盟約」）として進めようとしていたことが草案からも推測できる。

そんな義久の思惑がうかがえる文書がある。天正九年十一月に、琉球国王尚永《しょうえい》に宛てた書状のなかで義久は、「九州は残らず義久の軍事指揮下に置いた」とみずからの武威を誇示し、国王尚永には鎧など日本の武具を贈っていることから、事実上は軍事的な戦果に拠って琉球に対して優位に立とうとしたものだが（「黒嶋二〇一六」）、ここで注目したいのは、その端裏に記された一文である。

【史料44】天正九年十一月五日付け島津義久書状案）

来年（天正十年・一五八二）、義久様が上洛されることになり、琉球に進物を調達するために飯牟礼紀伊介《いいむれきいのすけ》が老中から派遣された時の書状案。他に老中から琉球国の重臣にあたる三司官《さんしかん》宛ての文書が別にある。

これは島津義久の祐筆が文書の整理用に書いた簡略な文章であるが、ここから、島津義久が来年（天正十年）に上洛を予定していたこと、その際に義久が持参する進物を琉球で調達することが、琉球に派遣する今回の使節の目的であったことが明らかとなる。

和睦調停を受諾した直後に上洛準備を始めたということは、天正十年に信長の毛利攻めが実行される可能性が高いと、義久も判断していたのだろう。おそらくは伊勢貞知からも同様の情報を得ていたのではないだろうか。ただ、上洛することとは、信長に拝謁し「御礼」を遂げること、すなわち、信長への正式な服属表明と解釈される行為である。上洛を決意した時点で、義久の信長への服属は、すでに既定路線となっていたといえるだろう。

年が明けて天正十年（一五八二）五月、近衛前久は信長の毛利攻めが同年「七月」に予定されている旨を、義久に知らせている（「薩藩旧士文章」）。信長の毛利攻めと、義久の上洛・服属は、すぐそこまで迫っていた。

両にらみの外交姿勢

しかしながら、毛利攻めに手をかけようとしたところで、六月二日、信長は本能寺に斃《たお》れた。もちろん毛利攻めは中止となり、結果的に義久の上洛計画も頓挫したのである。信長横死という全国を駆け巡った衝撃に、さすがの義久も戦略を練り直す時間が必要だったかに思えるのだが、実際はどうだったのだろうか。

【史料45】〔天正十年〕十一月二日付け島津義久宛て足利義昭御内書

（このたび織田信長が、遁れがたい天からの命令によって自滅した。これを受けて京に残っている者たちが、私の帰洛を待ち望んでいると頻繁に伝えてくるので、皆に力を合わせてもらい急ぎ上洛したい。今こそ支援を頼みたい。そなたからの太刀・黄金は確かに届いた。詳しくは真木島昭光と一色昭秀から申し伝える。）

宿命のライバルの横死を奇貨として、手を叩いて喜んでいる義昭の姿が浮かび上がってくるような文面であるが、ここでは御内書の日付に注意してみたい。十一月二日に、備後にいる義昭のもとに島津義久からの太刀・黄金が届いているということは、十月上旬には使者が島津領国を出発していなければならず、この時、すでに義久は、六月二日未明に起きた本能寺の変を把握していたことになる。本能寺の変後に生じた混乱と情報の錯綜、さらには南九州まで伝播する時間を踏まえると、おそらく義久は信長横死と上方の動乱の報に接した直後に、すかさず足利義昭へのコンタクトを図ったことになろう。

やはり義久は、一方にだけ肩入れせずに、それぞれの力関係を注視していたのである。信長が優勢になれば従属に向けた準備を進め、義昭が力を盛り返しそうになれば連携を再開する。目まぐるしく変転していく中央の政局を見据えながら、新旧二つの権威に分裂しても片方だけに与するのではなく、双方との通交をバランスよく保っていた。中央との距離をむしろ巧みに利用して、時々の場面に応じて、それぞれと連携する効果を算段していたのであろう。べったりと寄り添ってしまえば、中央の情勢に巻き込まれてしまう。なるべく遠く離れた場所から客観的に情勢を観察し、決定的な判断を先送りしようとする義久の姿勢は、第一章で見た秀吉との関係においても貫かれていくものだった。

九州における信長の武威

以上、九州のなかでももっとも南に位置する島津義久を例に、織田信長との関係性を概観してきた。これを中央側の視点から、あらためて整理しておこう。

島津義久の場合、信長が直接的な関係を構築するきっかけは、天正八年の本願寺との和睦にあって、それまでは積極的な働きかけを確認できなかった。これは同年、毛利攻めという軍事課題が現実的な政治日程に上り、信長の戦略において、はじめて島津氏ら九州諸氏と軍事的に連携しておく必要が生じたためであると考えられる。かつて武田攻めという軍事計画を掲げて、関東の諸氏らと提携し臣従を促していった時と同じ手法が、九州でも確認できるのである。こうした軍事的な協力関係の構築を通じて、地方諸氏との関係性を作り上げていくのが、信長の常套手段であったといえるだろう。
手法としては共通項が多いものだが、信長が発した文言を比べてみると、微妙な変化も見られることに気がつく。たとえば、第四章で触れた、長篠の戦いの後に諸氏に出した文書では次のような表現であった。

その際は信長に一味することが、天下のためにも、そなた自身と周囲のためにも得策となろう（【史料30】）。

一方で、天正八年に島津義久に宛てた文書では次のようになっている。

その時、（島津義久が）こちらの意を受けて行動されるならば、それは「天下」に対する大きな奉公となるであろう（【史料40】）。

ともに連携の締結が「天下」のためになるという論法は共通している。ただし、天正三年には信長と東国諸氏との軍事同盟としての色彩が強く、諸氏への武力による圧力をかけたものとなっている。対して天正八年の方は、「信長」という存在を前面に出すことなく、遠回しな表現で、信長との連携を促すような書き方となっていた。このような表現の違いが見られるのはなぜだろうか。

そこには、信長と対象者との間の格式の違いや、戦争への逼迫の度合いなど、諸事情を複合的に考える必要性もあろう。また、天正三年から八年に至る間の、天下人信長の地位上昇が反映したものなのかもしれない。天正三年冬の時点で、信長は権大納言として将軍義昭を超える官職を手に入れてはいたが、まだ地方諸氏の関係は直接的に掌握しており、信長は書状のなかで自身の武威を誇張して語っていた。ところが、それから五年がたつと信長の領国は膨張し、地方諸氏との関係は、それぞれの方面軍を担当する信長の家臣たちによって分掌されるようになった。この間に信長自身も、後方から指示を出す間接的な主君へと立場を変えていく。各地の平定を担う信長の軍事体制が膨張したことで組織化され、信長自身が前面に出なくても、指示系統ができ上がりつつあったということになる。

同じように島津義久に対しても、厳密には信長の直属の家臣であるとはいいがたいが、信長に絶大な信頼と好意を寄せ、信長のために九州諸氏の連携を作ろうとの熱意に燃えた近衛前久が主導的に調停に当たっていた。機能としては、前久は信長の家臣と同じ働きをしており、広義の信長政権を構成する一要素であったとすることができる。

支配圏を広げるだけでなく、信長に従う公家たちなどを飲み込んで政権が成長していくことで、そこに君臨する天下人信長の権威はますます高まった。しかし天下人の姿が後景に退いてしまったことで、輪郭が見えにくいものとなった感は否めない。六月二日に本能寺の変を迎える直前、信長政権にとってクライマックスともいえる天正十年前半は、一体どのような状況にあったのだろうか。次章では、実像の見えにくくなった信長と、そこで発せられた武威について、とくに発信する側と受信する側の認識のギャップに注意しながら考えていくことにしよう。

第六章　信長の武威と東夷

美濃から信濃への侵略

武田勝頼の滅亡は、戦国時代の合戦のなかでも珍しい、非常に短い時間で劇的に進展した事件だった。一般には天正三年（一五七五）の長篠の戦いによって武田家が衰退したというイメージが強いが、じつは敗戦後も勝頼はほぼ同規模の領国を維持しており、織田・徳川勢の侵攻も、境界地域での局地的な紛争だけで食い止めることができていた。勝頼にとってターニングポイントとなったのは、上杉謙信の跡目争いである「御館の乱」で景勝に味方したことで北条氏を敵に回してしまい、東と西に巨大な脅威を抱える不利な状況を作り出したことにある。難局を打開すべく、勝頼は一時、信長との和睦を打診した形跡があるようだが、結果的に成就せず、逆に北条氏と信長とが連携してしまう有様だった（[丸島二〇一七]）。

その衰退局面の始まりは、おそらく天正九年（一五八一）三月の高天神の落城であろう。かつて遠江に進出した武田信玄が攻略できなかったこの城を、跡を継いだ勝頼が手に入れたのは天正二年六月のことである（『大日』十―二三、同月十二日条）。それ以後、勝頼の領国拡大を象徴する城郭だった高天神が、七年経って徳川方に奪われたことで、折から東西の大敵に悩まされていた武田領国では、徐々に動揺が見られるようになる。

年が明けた天正十年になると、信濃南西部の木曾義昌が、織田方に内通した。これを受けて信長は信濃への出陣を決定し、二月上旬に信長嫡男の信忠の軍勢が出陣した。信忠は天正三年に家督を譲られた際に、岐阜城とともに美濃を領有することになり、境を接する武田勢との攻防を続けてきた。相手領国の動揺した隙を見逃さなかった信忠の軍勢は、一気呵成に信濃路を駆け進んでいく。

これが信濃の諸氏にさらなる動揺を与え、織田方に投降する者が続出する。信忠勢は決して大規模なものではなかったにもかかわらず、足止めするような敵対者が不在のまま、どんどん北上した。信長が安土を出立する前の三月二日には、すでに信忠は高遠城を包囲している。ここは信濃南部と甲斐・信濃北部とを結ぶ要衝の地であり、勝頼実弟の仁科盛信《にしなもりのぶ》が籠城していたが、信忠はその日のうちに攻略し、盛信の首級を獲得した。文字通りの信忠の快進撃に、信長は慌てて心配したようで、信忠に慎重な進軍を促す指示を出したほどだった。

その猛攻は、武田氏代々の本国である甲斐をも激しく揺さぶった。今回の武田攻めでは、信忠が美濃から信濃へ侵入するのと合わせて、徳川家康らは駿河に攻め入り、東の北条氏と挟撃する手筈を整えていた。これを見て、武田家の一門で駿河支配を任されていた穴山梅雪《あなやまばいせつ》が、織田方に寝返ったのである。この裏切りが勝頼に深刻なダメージを与え、信忠軍を食い止めようと諏訪に在陣していた勝頼は、そのまま甲斐に引き返すことになった。

武田勝頼像（「勝頼・桂林院殿・信勝像」のうち部分、東京大学史料編纂所所蔵摸写）

ようやく信長が安土を出立したのは三月五日である。だがその翌々日、三月七日に信忠は難なく甲府に入っている。勝頼は甲府を脱出し山中を落ち延びていく途中で、やはり一門の小山田氏の裏切りに遭い、嫡男信勝らと自害して果てた。三月十一日のことである。

しおしおとした出陣

複数の国を領有していた大名領国が、じつにあっさりと消滅した。短期間での戦果の大きさから、従来は信長の軍事的な才覚を賛美したり、あるいは裏返して武田勝頼の暗愚さを印象づけたりと、さまざまに論評されがちな滅亡劇である。ただ、当時の史料を読んでみると、おそらく信長自身にとって、ここまでの成果は想定外だったのではないかと思えてくるのだ。

たとえば、信長軍の出陣が決まる三月上旬の、軍勢を送り出す上方での日記には次のようにある。

上層階級も下層階級も、人々が迷惑することこの上ない軍事である。

（【史料46】「多聞院」天正十年三月二日条）

武田氏も上杉氏も、天下で一番のいくさ上手だという話だ。そのため織田勢も「一大事」の陣立てをして臨むそうだ。

（【史料47】「蓮成院記録」天正十年三月五日条）

今日、明智光秀勢が信濃に向けてそれぞれ出立した。今回は「大事の陣」であるということで、軍勢の人々は、じつに「しおしお」とした様子で、まったくお笑い草だと京童たちが噂している。

（【史料48】「晴豊公記」天正十年三月四日条）

これらの記録から浮かび上がってくるのは、武田氏が相当の強敵であるという人々の共通認識であり、そこに立ち向かう織田側は、やはり相当の覚悟を持って「一大事」「大事の陣」と心構えをした上でいくさに臨んでいるという事実である。ただその心構えが、末端の兵士たちまで共有されたわけではなかったことは、「しおしお」とした表情からも明らかであろう。「しおしお」は現代語でいえば悄然とした、あるいはしょんぼりとしたといったところの意味合いである。織田方の軍勢たちは、なみなみならぬ大敵と対峙するプレッシャーに呑み込まれて、とても意気揚々と出陣するような余裕はなかったのである。むしろそこに漂っていたのは、一種の厭戦ムードともいえるものではなかっただろうか。

また、京都側では今回の信長の出陣を「信濃陣」と呼んでいる。これはつまり、今回の出陣が、当初は武田領のうち信濃の攻略に重点を置いたものだったことを示していよう。信長としては、木曾義昌の内通を受けて、とりあえずは信濃に侵入し境界領域の奪取を図ろうとしたのではないだろうか。

出陣前の緊張感と、苦戦と長期化を見込んだはずの軍略は、蓋を開けてみると、すべてが想定に反していた。実際には武田家中の空洞化が進んでおり、あっけないほどに、巨大領国は内部から自滅的に崩壊したのである。まさに信長にとって幸運以外の何ものでもなかった。

信長から京都への戦況報告

三月五日に安土を出た信長は、七日に岐阜に着き、十四日に信濃波合《なみあい》にて勝頼らの首と対面している。さらに翌々日、飯田に入った信長のもとに、小諸《こもろ》城で抗戦を続けていた武田信豊の首が届けられた。これで武田勢の組織的な抵抗は鎮静化し、武田領国はほぼ信長の掌握することとなった。信長は同日付けで、側近で上方に詰めていた松井友閑に宛てて、次のような戦況報告を送っている。

こちら甲斐では、さきごろ穴山梅雪が信長に忠節を尽くす旨を申し出たので、朱印状を与え、織田勢が信州に出馬する際には、味方として軍勢を出すように、侵入路や日時を事前に調整して命じておいた。すると甲斐で、穴山氏の女・子供らが甲府から自領の館に帰ったという風聞が広がり、諏訪に在陣していた武田勝頼は、（動揺を抑えようと）甲斐の館へ帰っていった。（しかし）穴山以外の武田方の武将たちが、我も我もと信長側に寝返ったため、勝頼は館を持ちこたえることができず、山中に逃げ隠れたので、小山田信茂らと連携して滝川一益が兵を送り、今月十一日に勝頼父子を討ち取り、首が届けられた。また武田信豊は、西上野近くの小諸城に籠城していたが、武田家中の下曾根浄喜が内通し、今日十六日に切った首を届けてきた。それらの首を、（信長が滞在している）飯田城に晒したことは、（この書状を運ぶ）飛脚が実見しているので報告するであろう。勝頼弟の仁科盛信も高遠城で討ち取り、その首も届いた。そのほか甲斐・信濃の名だたる武将はすべて打ち果たした。また投降してくる者も数知れないほどで、これもほとんど殺害したが、なかには助けた者もいる。また飛驒・美濃の反信長方の者で、（武田家に従っていた）土岐美濃守や犬山・岩倉の者たちは確保しており、それぞれに処分を下す、また六角承禎の子義治と若狭の武田五郎の両名も、小屋に押し込め、生け捕りにして殺害した。これで北は越後との堺まで、東は碓氷峠・川中島などまで、〔旧武田領国は〕一ヶ所も残さず、信長に降伏し平定した。西上野も同様である。

【史料49】〔天正十年〕三月十六日付け松井友閑宛て織田信長黒印状写

今回の武田攻めの過程、実態としては武田家の内部崩壊していく過程が、要領よく語られている。信長側の目線で綴られているとはいえ、事実経過としては、信を置くべき史料であろう。単なる報告だけでなく、武田領を併呑し、北は越後境まで、東は碓氷峠までが信長領になった事実を誇示しようという意図は明らかである。だが、このレポートを出した信長の目的は、それに止まらないものがあったことが後段に記されている。

このように三、四十日のうちに全武田領の支配関係を一変させたのは、我ながら実に驚くばかりである。相模の北条氏政は駿河へ援軍を出し、信長のための奉公に励んだ。関東八州には抵抗者もいないので、凱旋する。ついては甲斐・信濃の戦後処理と支配は、織田信忠に命じた。すぐに信長は安土に帰るつもりである。このことは安土にも連絡していないので、また、京都や安土、畿内から羽柴秀吉のもとにまで、隅々に武田攻めの戦果が知れ渡るように伝達しようとしていたところ、そちらから飛脚が来たので特別に申し送った次第である。　（前掲【史料49】）

この書状で明らかなように、信長は武田領併吞という戦果の大きさだけでなく、北条氏を従えた事実をも合わせて、京都・畿内ほかに広く宣伝するように松井友閑に命じているのだった。

つまりこの書状は、信長の発した武威なのである。実際にこの文書の写しが、「宇野主水日記」などに確認できることから、松井友閑は信長の命を忠実に守り、戦況報告を各地に宣伝ビラのようにばら撒いたことが分かる。この事実から、戦争の遂行者である信長が天下人として特別な地位にあったこともまた明らかであろう。

寿がれる信長の武威

しかし、上方の戦果の受け止め方には尋常ならざるものがあった。天皇や公家、寺社勢力、そしてそれに連なる庶民までもが、信長からの吉報と一緒に届けられた勝頼らの首によって、歓喜に沸くのである。出陣前には苦戦・長期化を見込んだ強敵であるだけに、予想を覆す鮮やかな武田領国の壊滅は、一躍信長の武名をとどろかせた。

この時、人々がどのような感慨に浸っていたのか探る上で興味深い記述を、興福寺の多聞院英俊が書き残してくれている。その日記「多聞院日記」天正十年三月二十三日条（【史料50】）には、武田領平定に関して四つの記事があり、以下で順番に見ていきたい。まずは一条目である。

一、武田領の全域が平定された。今月十六日に、織田信長のもとへ武田勝頼殿父子の首と武田信豊の首が届けられた。勝頼殿は午年（一五四六年）生まれの三十七歳、その嫡男信勝殿は十六歳で、信豊は勝頼の従兄弟にあたる。今回、織田側に降伏した穴山（梅雪）というのは、もともと祓川の領主で、先代の信玄の婿であった。軍勢五千ほどを率いる大将で、武田領の駿河の代官となっていた。金子二千枚を返礼として武田家を裏切ったという。もともとは駿河守護の今川家を裏切った人物だという。近江の六角義治の弟次弟殿と若狭の武田五郎殿は生け捕りにして討ったという。これで東は碓氷峠、北は越後までの間には信長の敵は一人もいない状態となったという。（【史料50】）

まずここでは、武田領の平定に関する経緯が記されている。信長のもとに首だけ届けられた勝頼らや、穴山梅雪などの人物情報が書き足されているが、全体的な骨子は、信長が送った戦況報告書（【史料49】）と一致している。おそらくは戦況報告を下敷きに、情報を追加収集して肉付けしたものなのであろう。ここからも、戦況報告書が各方面にばらまかれたことを確認できる。

浅間山の噴火と神々の戦争

次いで二条目では、「東は碓氷峠、北は越後までの間には信長の敵は一人もいない状態となった」ことにまつわる、不思議な怪異を語っている。

一、先ごろ、空の雲が焼けたように見えたのは、信州浅間山の噴火であった。昔から甲州・信州の領主が滅びる時に噴火したので、今度も浅間山が噴火したのは、東国で騒動が起こる予兆であると古老が語っていた。この間に織田方の武田攻めが進んだことと、思いがけず符合している。またこの間の大風や霰《あられ》、飛火・逆雨などは、京都の内裏（天皇のこと）が、信長に敵対する国の神々をすべて配流に処したために生じた現象である。信長が勝利すれば、また神々を勧請するという。神の力には、人の力も及ばないところ

である。これで一天の下にすべてが従うものと思える。（【史料50】）

ここでは、浅間山噴火という自然現象が、武田家滅亡を予兆するものであったことが記される。噴火の規模や被害の状況は明らかになっていないが、このような突発的に起きる自然現象は、現在の状況に大きな改変を迫る怪異として、当時の人々に意識されていた。劇的な武田家滅亡という大事件も、直近の怪異と結びつけて理解していたのである。

またその文脈では、天皇が大きな役割を持っている。神々の差配を司る天皇は、自然現象をも間接的にコントロールしうる唯一の存在であり、噴火から異常気象に至る今回の怪異も、すべては天皇が「信長に敵対する国の神々をすべて配流に処したため」であるとされた。地方の神々を自由自在に処分できる中央の天皇が、信長の後援をしたことで、武田家滅亡という事態も生じたことになる。

神々を配流に処した事実があったかどうかはともかく、実際にこの時、朝廷が主導して信長出陣の戦捷祈願を行っていた。祈願に動員されたのは伊勢神宮（内宮・外宮）をはじめ、興福寺、春日社、吉田社、石清水八幡社などの朝廷ゆかりの寺社であり、これらの寺社にとっては、精魂込めた祈願の結果としての武田家滅亡なのである。信長の壮挙を宗教的な言説による成果であると読み替えようとする周囲の動きを、ここに確認することができるだろう。

なお、朝廷側においても同様の読み替えを行っているのだが、それについては後述する。

ある僧侶が見た聖徳太子の夢

続く三条目も、同じように信長の武威を宗教的な言説で解釈したものである。ここで主題となるのは、三河に住む一人の僧侶が見た、夢の話である。

一、さて、法隆寺の仙学房栄甚が語ったところによると、先年、十年ほど昔の天正元年ごろのことだが、三河国明眼寺の可心という僧が、法隆寺に遊学し、一年ほど滞在して太子伝の講義を受けていた。明眼寺は聖徳太子の御建立で、昔から続く名刹である。可心は岡崎の徳川家康というものが帰依していた僧であった。その十年ほど前にあたる永禄七年ごろの正月二日、夜の夢に聖徳太子が現われ、可心に仰るには、「天下をめぐって争っている者が三人いる。朝倉義景は天下を望んだところで、その器ではない。武田信玄は、武力はあるが無慈悲なので、やはり無理であろう。（天下は）織田信長一人のもとに帰すことになるだろう。かつて私が源頼朝に遣わした、天下で有名な太刀が、熱《あつ》田《た》神宮にあるはずである。すぐに信長へ引き渡すように」という。とても珍しいことだが、夢なのでそのままにしておいたところ、また正月十五日の夜の夢に（聖徳太子が現われ）、「どうして先日命じた太刀を信長に渡さないのか」と厳《きび》しく仰られた。だが、やはりそのままにしておいたところ、また二月五日の夜の夢に太子が現われ、「たびたび命じたのに、何故太刀を渡さないのか。私の命に背くのであれば、そなたを成敗することになる」と仰られたので、仕方なく明眼寺から熱田まで三里の道を行き、熱田神宮に尋ねたところ、たしかに伝わっていた太刀を引き取った。その帰路に（信長家臣の）村井貞勝に会って、夢の経緯を話したところ、すぐに（信長に）申し届けるように命じられたので、家康にも事情を話し、その太刀を持参して信長に届けることになった。信長に対面すると、信長は「自分も確かに、可心が見たのと同じ夢を見た。大変めでたい。この信長の天下掌握を支えた太子の御建立した寺は、再興しようぞ」との約束をした。この話は内密にしておこうと、先年可心と約束したが、（法隆寺僧である）仙学房にも関わることなので、たびたび人に話してきた。信長が武田を滅ぼした今となっては、本当に重要な夢であるという。その可心という者は、法隆寺からの帰路に、興福寺多聞院にも立ち寄り、三河に帰国後も書状のやり取りが続いている。今も元気でいるようだ。今年で四十四、五のはずである。利発で才気煥発、妻帯の僧である。（【史料50】）

夢を見た可心が所属していた明眼寺も、その話を多聞院英俊に伝えた仙学房栄甚が所属する法隆寺も、ともに聖徳太子建立の寺院であった。そして現代のわれわれの感覚からは想像しにくいが、中世において聖徳太子は、じつは軍神でもあった（［松本二〇〇七］）。ここでのストーリーは、今回の武田領平定という信長の武威をバックアップしていたのが、じつは軍神としての聖徳太子であったというものなのである。

夢を武器に支援を取りつける

じつに興味深い内容を持つので、この夢の記事を専論として検討された黒田智氏・堀新氏の指摘（［黒田智二〇〇二］［堀二〇一一］）を踏まえて、いま少し丁寧に読んでみたい。この記事は、文の構造が入れ子になっているため時系列が把握しにくいが、整理してみると、以下の三つの話で構成されていることが分かる。

①可心が夢を見た時期（聖徳太子からの三度の夢告〜信長への太刀進上）
②可心が夢の話を仙学房栄甚に語った時期（可心が法隆寺に留学中）
③栄甚が興福寺多聞院英俊に語った時期（武田家滅亡を受けたもの）

このうち③の時期は天正十年としていいだろう。それをさかのぼること十年前として②が起きているので、戦国時代の年期の数え方から、可心が夢の話を仙学房栄甚に語ったのは天正元年ごろとなる。問題となるのは①で、これまでは②と同じ時期と理解されていたが、正確には②をさかのぼること十年前のことと読まなければならない。つまり①〜③を年次で示すと、おおよそ次のようになる。

①可心が夢を見た時期……………………永禄七年（一五六四）ごろ
②可心が夢の話を仙学房栄甚に語った時期…天正元年（一五七三）ごろ
③栄甚が興福寺多聞院英俊に語った時期……天正十年（一五八二）三月

このように整理することで、夢の内容と、夢の話を語った時期の政治情勢との密接な関連性が浮かび上がってくる。三つの時点を過去へと遡っていくと、③は武田家滅亡で信長の支配体制が拡充・増強され、完成目前となった時期になる。また②は、同年に武田信玄と朝倉義景が没して信長だけが勝ち残った、まさに可心が十年前に見た夢と同じ状況が出現した時期であり、軍神としての聖徳太子が持っていた予知能力の裏づけとなった。

そして①にも、夢を見るだけの時期的な整合性があったことが分かる。この頃、三河では徳川家康が、駿河の今川氏真から自立して、尾張の織田信長と連携を深めていく時期にあたっている（[谷口克広二〇一二]）。また可心の所属する明眼寺も、すでに信長とコネクションを形成していたことが、永禄九年〜十一年のものと推測される正月儀礼に関する信長書状から判明する（「三州岡崎領古文書」『愛知』一五六四）。三河の一僧侶が見た夢が、信長のもとに報告されるには適切な条件が整っていた。

これらの①〜③の時期が信長にとって、それぞれの場面で政治的に台頭する局面であったことは間違いない。それは同時に、夢に現われ、信長台頭を予言した聖徳太子と、太子建立寺院にとっても、新たな為政者による後援を約束したものとして有益な物語であった。信長が台頭し、夢と関わる朝倉氏・武田氏が衰退したり滅亡したりするたびに、ここぞとばかりに太子建立寺院の関係者たちが夢の話を持ち出して、積極的に信長の支援を勝ち取ろうと振りかざした言説であった可能性が高いといえるだろう。

熱狂に火をつけたのは誰か

さて、この記事を分析した堀新氏は、夢のなかの聖徳太子の太刀とは、天皇が軍事権の象徴として征夷大将軍らに遣わす節刀を意味していると解釈し、その下敷きになっているのは『平家物語』における源頼朝の存在であるとして、夢のストーリーを「平家物語史観」が発露したものと位置づけている（［堀二〇一一］）。ただ、史料を読むかぎりでは、この夢の主役は聖徳太子であり、太子建立寺院の関係者たちが信長の台頭局面で語っていたものと理解するのが自然であろう。また「平家物語史観」についても、中世社会における『平家物語』の広範な読み手・聞き手を踏まえれば、たしかに多くの人々に馴染《なじ》みのある筋立てであることは確かなのだが、一方で、この夢のなかでは平家や源氏に擬《なぞら》えるようなフレーズはまったく登場しない。やはり、「平家物語史観」と直ちに結びつけるのは難しいように思われる。

また堀氏は、この夢の話が「当事者のあずかり知らないところからも展開され」たものと位置づけている。ここでの「当事者」とは、前後の文脈から信長など政権側の人間を指すものと思われるが、既述のように可心の見た夢には、それぞれの局面で、太子建立寺院への支援を取りつける言説となる意味もあった。さらには、その話を多聞院英俊に伝えた仙学房栄甚も、法隆寺の西寺における指導的立場にあり、寺内の紛争処理のために信長に接近していた人物である（［金子二〇〇七］）。聖徳太子の予言という奇瑞を武器に、新たな為政者からさらなる支援を引き出そうとする人々にとって、信長の台頭は望ましい事態であった。そんな取り巻きといえる人々が、政治家の周囲に多数存在しているのは、今も昔も変わらない光景であろう。

むろん、天正十年時点で信長側からの働きかけが何もない状態で想起されたのであれば、堀氏のような理解は可能になろう。だが少なくとも、信長は戦況報告書を上方に送り、そこで示された公式見解に沿って、人々に武田領攻略の説明が成された可能性は非常に高い。信長側の喧伝に起因する記述を「当事者のあずかり知らないところ」で勝手に沸き起こってきたものと見るのは無理がある。

しかも信長は、武田領平定の政治的効果を最大限に高めるべく、ある興味深い方法を取っている。「多聞院日記」天正十年三月二十三日条の武田領平定に関する最後の記事、四条目を見てみたい。

一、昨日の夕方、京に首三つが上せられた。三日間の梟首《きょうしゅ》にされた後、播磨へ送られる予定だという。（【史料50】）

この首とは、武田勝頼らの首である。京都でさらし首にされた後、何故に播磨に送られたのかは不明だが、この首は死後もなお、より重要な意味を持たされていたと考えられるのだ。

首を懸ける場所とその意味

武田領平定後に信長側が取った対応のなかで、カギになるのは勝頼らの首である。その経緯を詳しく辿ってみよう。

勝頼と嫡男信勝、武田信豊らの首が京都に届いたのは、天正十年三月二十二日のことであった。信長が信豊の首を実検し戦況報告を作成した三月十六日から、約六日間で京都まで送られたのである。首が届くと京都でも武田家滅亡が現実のものと受け止められ、「洛中洛外鼓騒」と記されるほどに、大きな歓喜の渦が巻き起こった（「兼見卿記」［正本］天正十年三月二十二日条）。

この時、首をさらした場所が興味深い。山科言経の日記によれば、首は「獄門」に懸けられたとある（「言経卿記」天正十年三月二十二日条）。京都で獄門といえば、洛中の治安維持を担当した検非違使《けびいし》にあった罪人を押し込める牢獄の門を意味し、そこは古代・中世において斬首刑となった首を懸ける場所であった。なお、これに対し、清水克行氏は「わざわざ勝頼の首が検非違使の獄所に梟首されたとは考えにくい」として否定的な立場をとる（「清水二〇〇四」）。だが、清水氏は触れていないが、「晴豊公記」「兼見卿記」「宇野主水日記」「尊鎮・尊朝・尊純法親王御自記抜萃」などほかの日記類でも、勝頼らの首が「獄門」に懸けられたと記しており、これらの裏付けをともなう以上、「わざわざ勝頼の首が検非違使の獄所に梟首された」のは事実であったと考えるべきであろう。

しかも公家の勧修寺晴豊《かじゅうじはれとよ》は、首が懸けられた「下五りやう」まで出向いて「見物」している（「晴豊公記」天正十年三月二十二日条）。「下五りやう」すなわち下御霊《しもごりょう》神社の社地は、豊臣秀吉による京都改造時まで、現在の上京区両御霊町にあったと考えられる。ここはかつて、検非違使の獄所（東獄）の存在した近衛西洞院と隣りあう区画であった（遠藤珠紀氏の御教示による）。

さらに下御霊神社のすぐ隣まで、信長によって拡張普請されたのが、義昭の居所となる二条城である。二条城のなかにあった桜馬場は、納涼会なども行われる上京のイベント広場としての性格を持ち（［高橋二〇〇一］）、一方で元亀二年には、義昭・信長に敵対していた松永久秀方の諸氏の首二四〇が桜馬場で梟首されている（「言継卿記」元亀二年八月七日条）。しかも天正四年には、やはり信長に敵対していた雑賀孫一《さいかまごいち》の首が二条城の「御堀」で懸けられているが（「言経卿記」天正四年五月九日条）、そこは「ゴク門」と意識されていた（「宣教卿記」天正四年五月九日条）。こうした記述からは、信長の時期において、二条城と獄門とは近在していることが明らかであり、そこが、信長に敵対した人物の首を懸ける場所であったことも

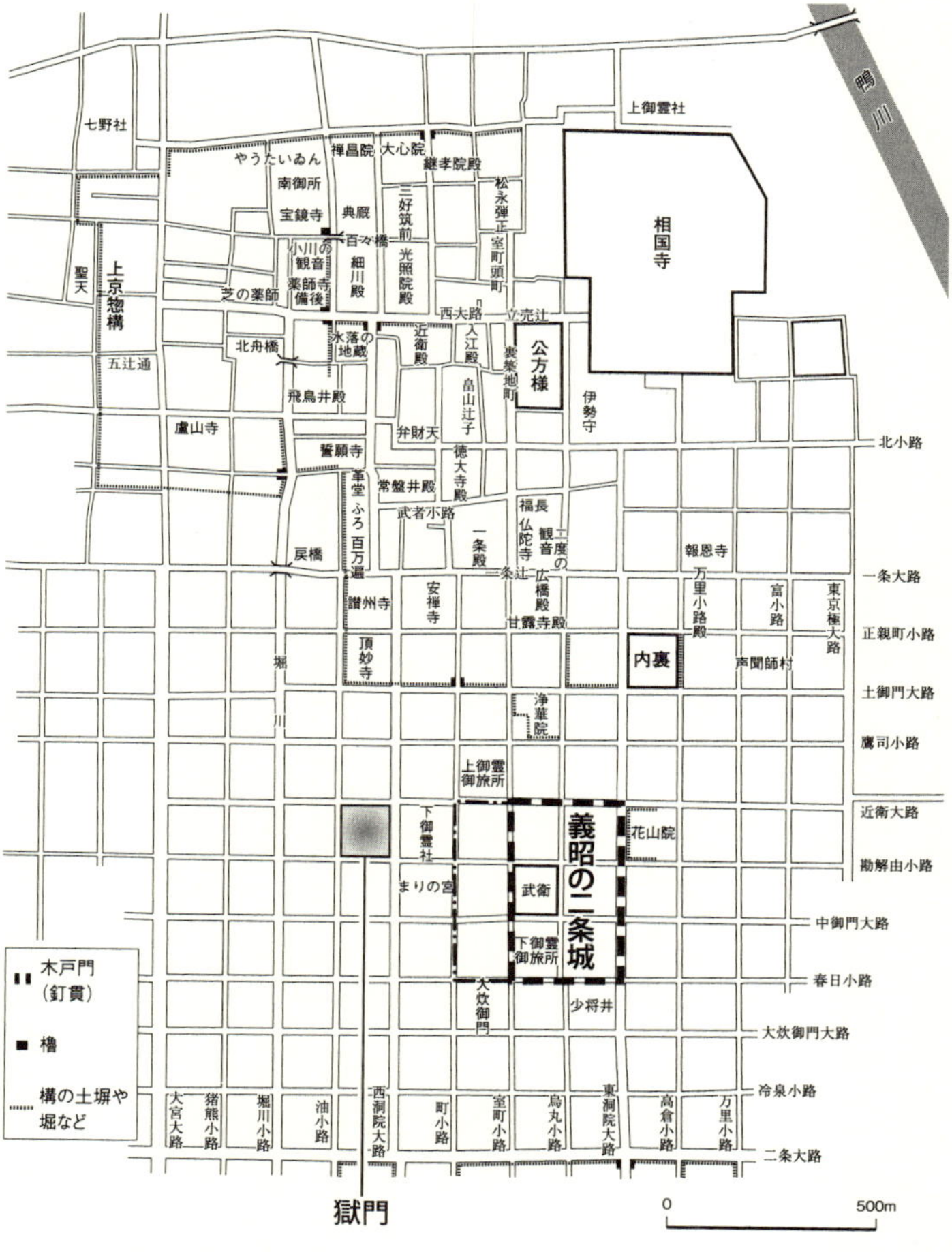

義昭の二条城と周辺図（[河内2014] 所収図に黒嶋加筆。義昭の二条城の東西幅については二説あるため、それぞれを併記した）

また動かしがたい。

このように「わざわざ勝頼の首が検非違使の獄所に梟首された」事実からは、古代から続く獄門慣行が、信長期にもなお命脈を保っていると考えざるをえないであろう。

信長と獄門の首

では、信長にとって首を獄門に懸けることとは、どのような意味を持っていたのだろうか。この点を考えるために、信長による単独政権となった天正元年から十年の間で、首が獄門に懸けられた事例を探してみたところ、以下の三例が管見に入った。

①天正元年八月に自害した朝倉義景・浅井長政父子の首が「獄門」に懸けられた（『信長公記』巻六、「朝倉始末記」）。なお『信長公記』巻七によれば、翌年正月一日に岐阜城での祝儀において、三つの頭蓋骨には金銀で彩色が施され観覧に供されたという。

②天正二年九月、伊勢長島一向一揆の首謀者である下間頼旦《しもつまらいたん》父子の首を、京都で「獄門」に懸けるよう信長が命じている（同月三十日付け、織田信長黒印状、「氷上町所蔵文

書」)。ただこの首について、京都の「二条大路ニサラス」という記録もあり(「年代記抄節」)、京都に運ばれた後、実際に「獄門」に晒されたかどうかは確証を得ていない。

③天正四年五月、雑賀孫一の首が「ゴク門」に懸けられた(「言経卿記」「宣教卿記」天正四年五月九日条)。ただこの首は、のちに孫一のものではないことが明らかとなり、偽首であった。

以上の三例に、武田勝頼の事例を加えると、確認できたのは四例となる。決して多くはないが、それだけに、共通項を絞り込むこともできそうだ。首となった彼らには信長に敵対することに加えて、一国規模の領国などを支配下に置く、名の知れた大将であった点などが共通する。しかも、その討伐にあたっては、すべて、信長自身の出馬を確認できる。これらの点を満たし、討ち取って首を獲得できた場合、信長は獄門に懸ける選択をしていた可能性が高いといえよう。

ただ、その梟首場所が検非違使の獄所であったことには、また別の理由もありそうだ。というのも、これらの事例には共通して、朝廷から信長への戦捷祈願が行われているのである。

①については、天正元年八月八日に誠仁親王らが「天下泰平」のために行った千巻心経読《せんがんしんぎょうどく》

誦《じゅ》が、信長の戦捷祈願を意味していたとする藤井譲治氏の指摘がある（［藤井二〇一一ａ］）。②については長島一揆そのものを特定したものはないのだが、元亀年間から続いていた戦争であることから、それまでに行われていた戦捷祈願に含まれていた可能性がある。③については、正親町天皇の命で執行された、石清水八幡宮法楽御楽ほかの戦捷祈願が該当する（「宣教卿記」天正四年五月五日条ほか）。なお、天正十年の武田攻めでは既述のように、伊勢神宮をはじめとした諸寺社で戦捷祈願が行われている。

これらの戦捷祈願は、信長の支援を積極的に推し進めた朝廷側が主導したものであるが、信長支援を公式に表明したことで、その敵対者たちは天皇・朝廷にとっても敵対者、すなわち「朝敵」であると認定されることになった。

この「朝敵」という言葉は、天皇の存在を正当性の根幹に据えるものにとって特別な重みを持つ。『平家物語』や『太平記』など、中世の軍記物のなかで「朝敵」の首は「獄門」に懸けられるのが定型化していた。中世の辞書である「文明本節用集」にも「獄門、ゴクモン、朝敵ノ頸懸所也」とあるように、その意識は広く人々に共有されていたのである。

一国規模を支配する名のある大将で、朝廷が戦捷祈願を行っており、信長自身の出馬によって討ち取られた首は、獄門に懸ける。それが信長の拘《こだわ》りだったのではないだろうか。逆にいえば、以上の条件を満たす首を獄門に懸けることは、その首が「朝敵」であり、信長が

「朝敵」の討伐者であるというメッセージなのである。

信長は中世的武威を発信したのか

このように、勝頼の首を獄門に懸けるという行為には、政治的に重要な意味があったものと考えられる。勝頼の首と同じタイミングで到着した戦況報告書とあわせて、これは当事者である天下人自身による、武威を発露するための作業の一環であったといえるのではないだろうか。信長を後方から支援し、その権勢を高めていくことを待望していた天皇・朝廷や寺社勢力、あるいはそこに連なる大勢の人々が住まう京都においては、そのような信長のメッセージが火をつけて、大きな歓喜と熱狂が沸き起こったことは想像に難くない。まさに「洛中洛外鼓騒」とされる喧騒のなかに京都はあったのであり、翌日の奈良でも、かつて可心の見た夢が熱を帯びて語られたのだ。

これほどまでに盛り上がることを、では、信長はどこまで意図していたのだろうか。

ここで興味深いのは、信長が天正十年四月以降には武田領国のことを「東国」とし、武田氏討伐を「東夷追伐」などと表現するようになることだ。ここから、信長が武田討伐を「東夷」追伐であると主張し、みずからを「中世的武威」の継承者に位置づけようとしたという

〈表〉武田攻め祝賀に対する信長の返書

日付	宛所	文言	信長文書
3月25日	久我季通	就甲州面在陣、使者殊ゆかけ	979
3月28日	等持院	就在陣音信、特一折送給候、	981
4月4日	上京中	此面為音信、革袖物十到来、	1004
4月4日	醍醐寺理性院	就此面之儀、巻数幷ゆかけ	1005
4月10日	三千院最胤法親王	就東国在陣音問、祈禱之巻数幷両種	1009
4月10日	青蓮院尊朝法親王	就東夷追伐芳問、殊扇子贈給候、	1010
4月12日	九条兼孝	就甲州在陣、尊問殊鞦三通	補232
4月15日	伊勢慶光院	就今度東国在陣、祈禱之祓太麻	1012
4月15日	長岡(細川)藤孝	仍東夷追伐事、如言□□早々落着、乍我驚入計候、	1013
4月20日	吉田兼和	就出馬、於禁中抽懇祈、勝軍法要祓	補233
4月25日	本願寺	就東国属平均帰城、為祝儀、太刀一腰	1016

指摘もある（[黒田智二〇〇二]）。

だが、そのように結論づけるためには、それが本当に信長の言葉だったのかを検証する必要がある。信長の書状で登場しているからには、信長の言葉と理解しても問題はないように思えるのだが、ここでは慎重を期して、この武田攻めに関して信長が上方に出した書状を集めて〈表〉にしてみた。すると面白いことに、「東夷」「東国」といった言葉は、四月以降に出された上方への返信のなかで部分的にしか登場しないことが分かったのである。かりに信長が、自身を「東夷」追討者と位置づけようとしたのであれば、これらの返信のすべて、それに十六日付けで送られた戦況報告書（【史料49】）なども含めて、文中で「東夷」と表現するのが自然であろう。

このような表現のバラつきは、何に起因しているのだろうか。それを探るヒントは、当時の信長書状と、様式の上で共通点が多いとされる、室町幕府将軍家の出していた御内書である。御内書は書状の一種だが、発給者が政治的な上位者であるため、とくに儀礼的な約束事がいくつもあった。例として、十二代将軍足利義晴と豊後の大友義鑑《よしあき》の間で交わされた往復文書を用意した。文字の相違を確認していただきたいので、あえて原文のまま掲載している。

御帰洛千秋万歳候、為御祝儀、御太刀一腰月山・黄金五拾両進上仕候、宜預御披露候、恐惶謹言、

（天文十一年）九月十一日　　修理大夫義鑑（大友）　在判

進上　大館左衛門佐殿（晴光）

（大友義鑑書状案［「大友家文書録」『大友』一八―一五］）

為帰洛之祝儀、太刀一腰月山・黄金五十両到来、尤目出候、仍太刀一振元家遣之候、猶晴光（大館）可申候也、

（天文十二年）五月七日　　御判（足利義晴）

大友修理大夫（義鑑）とのへ

（足利義晴御内書案〔「大友家文書録」『大友』一八—六八〕）

義晴の「帰洛」（将軍の京都復帰）を祝うために、大友義鑑から太刀と黄金が進上され、義晴はそれにこたえて、進物《しんもつ》が確実に届いたことを記している。ここでは、祝儀の名目や進物の順序が、大友義鑑の書状を踏襲していることが分かる。御内書においては、相手からの書状に対して、内容を正確にトレースすることで、その受領の証しとする意味もあったのである。

実際の東夷の発信者

同じことが、信長書状についてもいえるのではないだろうか。これらはいずれも、相手方からの陣中見舞いとして届けられた進物に対する返信であった。そこでは、信長自身の言葉ではなく、相手が進物に添えて送ってきた書状と同じ表現をトレースしていたと考えられる。つまり、「東夷」「東国」が部分的にしか使われていないのは、信長が受動的に相手方の表現を書き写したにすぎず、主体的に自身の政治的効果を高めようとして発信したわけではなかったことを示していよう。

ふたたび〈表〉（二五五頁）を見てみると、「東夷」という表現を使っているのは二件、青《しょう》蓮院門跡《れんいんもんぜき》の尊朝法親王《そんちょうほうしんのう》と細川藤孝に宛てたものであり、この二人から信長に宛てた書状のなかで武田領平定を「東夷追伐」と表現していた可能性が高い。このうち、青蓮院は京都粟《あわ》田口《たぐち》にある天台宗三門跡の一つで、かつて足利将軍家から門跡に入った義円は、のちに還俗して室町幕府の六代将軍足利義教となっており、足利将軍家にとってもゆかりの深い名刹である。また細川藤孝は、もともと十三代将軍義輝に、その後は義昭に仕えた将軍側近であったが、義昭が京都を没落する際に上手く立ち回り、信長の家臣となった人物であった。二人ともに、室町幕府の故実に通じているという共通点を持つ。

そして信長書状の日付は、尊朝法親王宛てが四月十日、細川藤孝宛てが四月十五日である。信濃飯田で発信された信長の戦況報告が、京都まで約六日で到着したことを踏まえると、二人からの戦勝を祝う書状も、京都を出立したのは四月初めのことだろう。折しも三月二十二日に勝頼の首が届けられ、京都が信長の武威を称賛する歓喜と熱狂に包まれるなかで、室町幕府の故実に通じていた二人が武田領平定を「東夷追伐」と表現したことには、相応の意味があったものと考えられる。事実、信長は四月十日に甲府を出立すると、富士山をゆっくりと見物して駿河にむかっている。為政者の富士山遊覧は、室町時代では三代将軍足利義満や六代将軍義教が実行しており、幕府が関東の鎌倉府を制圧していることを示す政治的なデモンストレーションであった。武田領を滅ぼし、北条氏を軍事指揮下に置いた信長が富士山を遊覧することは、室町的な政治学においては「東夷」平定にほかならなかったのである。

このように史料を読み解いていくと、武田領平定を「東夷追伐」と読み替えて「中世的武威の系譜」に信長を位置づけようとしたのは、信長自身ではなく、むしろ京都で室町幕府の故実に通じていた一部の人間であった可能性が高い。信長を、中世的な武威の体現者に見立てようとする動きは、そのまま前代の足利氏と同じように、信長が征夷大将軍に就任して幕府という武家政権のスタイルを作ってほしいという期待感の表われではなかったか。

信長による武田領平定は、鮮烈で劇的であったがゆえに、周囲のさまざまな階層の人々の期待を高めるものとなった。ある者は聖徳太子の夢を武器に天下人とのパイプを強化しようとし、ある者は前代の将軍に天下人を擬えて、同じような武家政権の創出を期待する動きも見られた。その熱狂的なうねりは、信長を後援している朝廷をも呑み込んでいくことになるのである。

信長を将軍に推任する動き

信長が安土城に凱旋したのは、四月二十一日のことであった。翌々日には、戦勝を祝う正親町天皇の勅使として安土に赴いた勧修寺晴豊が、信長に対面している。晴豊は大役を無事に果たし、すぐに京都に帰った。ところが晴豊は、それから十日あまりたった五月四日、またしても安土に来ていた。信長の小姓の森乱丸から、再度の安土下向の用向きを問われた晴豊は、このように返答している。「関東打はたされ珍重候間、将軍ニなさるへき」すなわち、武田氏を討伐してたぐいまれなる武功を挙げられたので、将軍に任じたいという朝廷側の意向を伝えたのである（「日々記」天正十年夏記）。

信長は、天正六年に右大臣の職を辞退して以降、官職には就いていなかった。前年の天正九年には信長を左大臣に推任しようという動きがあったが、これは未遂に終わった。その信長に、今回の武田領平定という大きな戦果を理由として、征夷大将軍職への就任を求めたのである。それを入れ知恵したのは、信長の家臣で京都所司代であった村井貞勝である。四月二十五日、安土から京都に戻った晴豊に対し、貞勝は信長を「太政大臣か関白か将軍か」に推任するのが適切であると提案したのだった。

この間の経緯は、晴豊自身の日記が残っていることから、ある程度の復元が可能ではある。ただ、日記の記述が簡略であるために、「太政大臣か関白か将軍か」の推任提案をした部分が注目を集めて「三職《さんしき》推任」と把握され、その提案者が誰であったのかさまざまな見解が出されて議論となった。ここでは、提案者を村井貞勝とし、晴豊が安土で説明した時には「将軍」への推任であることは明らかであるので「将軍推任」とするべきという金子拓氏の整理に従っている（[金子二〇一四]）。さらには、晴豊の安土再訪時に、信長側が勅使の目的を把握していないことから、この「将軍推任」は信長の意向によるものではないとする金子氏の指摘もまた、従うべき見解であろう。

朝廷としては、信長を官職に就かせたかったのである。官職に就くことは、伝統的な政治秩序の体制に参画することを意味する。これほどの大きな武力を持った為政者が、なんの官職も持たないことは、体制側の主体である朝廷にとって、じつに薄気味の悪い状態であったはずだ。かつて信長の武力によって上洛した足利義昭が、信長に何らかの幕府役職を授けようとしたものの拒絶され、やむをえず「御父」という擬制的な血縁関係でしか表現できなかった時と事情は似ている。朝廷としては、これを好機に、ぜひとも信長に官職就任を呑ませようとしたのであろう。だが信長は、直接的な返答を避けた。おそらくは間もなく上洛する旨を告げて、その際に詳細を相談すると返答を先延ばしにしたのであろう。

信長は五月二十九日に上洛した。将軍職就任について具体的な談合を進めようとした矢先に、翌々日の本能寺の変を迎えるのである。

見立ての政治学

このように、武田領を鮮やかに平定したことによって、信長の武威はさらに高まり、その周囲に集う人々の期待を一気に膨らませることとなった。聖徳太子の予言どおりの展開に胸をなでおろす人、征夷大将軍就任への条件を満たしたものと喜ぶ人、さらには実際に将軍就任を打診する人。信長の武威を寿ぐ人々は、高揚感と熱気のなかでさまざまな思惑を抱きながら、勝ち馬となった天下人の台頭に歓喜し、その天下人を自分たちの理想とする指導者像に引きつけて解釈したのだった。

それを可能にしたのは、信長の空虚さではないだろうか。天正六年に右大臣の職を辞して以降、官職からフリーとなった信長は何もしがらみを持たず、どのような見立ても可能にする無色透明で可変性を持つ存在であった。それは信長に仕える家臣や周囲に集う人々にとっても同様だったのであろう。戦国武将という属性の大枠は担保されているものの、その武威は、必要性に応じて、いかようにも膨らませて語りうるものとなる。北陸戦線で織田勢を率いた柴田勝家は、諸氏を調略する口実に「天下一統」を用い、近衛前久は島津義久を「天下」への奉公として説得していた。信長への服属者を一人でも増やすことが彼らの使命であったことを思えば、ここで使われている「天下」とは実体的なものではなかったとしたほうがよい。それぞれの解釈した信長像と彼を首班とした政体とを、漠然と意味するものとして、その武威を膨らませて語る際の便宜的な言葉にすぎない。かつて信長が美濃を攻略する時に用いた「天下布武」とは、とても同質とはいいがたいだろう。

厄介なのは、そうした人々の見立てに対する肯定も否定も、信長が主体的に明示しようとした形跡が見られないことだ。天正十年段階で信長が発した書状類を通覧しても、そこには統一的な自己認識像を見出すのは非常に難しい。信長自身がどのような天下人として自己を造形しようとしていたのかは曖昧で、容易には摑みにくいのである。

将軍と「朝敵」

ただ武田領平定という軍事的な勝利の大きさゆえに、人々が抱いたさまざまな見立てのイメージが征夷大将軍職へと収斂していくのは、時間の問題だったともいえる。そして、それを後押ししたのは獄門に懸けた勝頼の首だったのではないか。わざわざ勝頼の首を古式ゆかしい獄門の場所で梟首にすることで、信長は「朝敵」を討伐する伝統的な武威の体現者となるものと、京都の人々は解釈したのである。いわば勝頼の首は、「朝敵」討伐の担当者となることを信長も認めたサインであると、周囲に受け止められたわけだ。
実際に「天下」に抵抗する者は「朝敵」であると信長も認識していた。

今後は織田家に出仕するとのこと、じつに神妙である。ついては滝川一益が目付として関東に滞在するので、よく相談し、奉公に励めば「天下」に対する大きな忠節となろう。これに背くものがいれば、「朝敵」と位置づけられて討伐されることになる。

（【史料51】〔天正十年〕四月八日付け太田道誉・梶原政景宛て織田信長朱印状写）

天正十年四月、武田氏旧領の西上野まで併合したことで、信長のもとには関東各地の諸氏が服属を表明してきた。この時、信長は彼らの服属を「天下」に対する忠節であると称讃する一方、それに抵抗するものは「朝敵」と排除して、二項対立的に線引きをしたのである。この二年前に島津義久に宛てた書状では、信長の意向に沿うことを「天下」への奉公とするだけで、和睦調停に当たった近衛前久が受諾しなければ「御敵」となると脅しをかけていたものの、「朝敵」とするまでの論理は見られなかった。「朝敵」とは文字どおり天皇家に敵対するものであり、天正十年の段階に至って信長は、自身の正当性を天皇と一体化したものとして主張していたことになる。「朝敵」と対になる獄門の首との関係を踏まえると、抵抗勢力を攻め滅ぼしていく姿勢を「朝敵」に対峙するものと重ねることで、信長による地方平定を促進させる狙いがあったものと考えられる。

だが、「朝敵」の論理を用いたことと、征夷大将軍職への就任は、信長にとっては別の話だったようだ。そもそも抵抗勢力を「朝敵」と認定するためには、天皇の存在が不可欠である。南北朝時代から室町時代にかけて、天皇の存在によって武家政権がみずからの大義名分を獲得し、武家の棟梁が体制のなかに入ることで朝廷との相互補完的な関係を作り出してきた〔［榎原二〇一六］ほか〕。そうした事情に通じた人々は、信長が「朝敵」の論理を用い、勝頼の首を獄門に懸けたことで、室町時代の武家の棟梁と同じように、征夷大将軍職に就任するものと信じて疑わなかっただろう。

しかし、歴史のなかで伝統的な武威の体現者が任じられてきた将軍職は、あくまでも天皇が主宰する朝廷という体制側が、既成の秩序のなかに彼らを取り込んで位置づけようとしたものである。そこに対する信長の関心は低かった。「将軍推任」をめぐる言動を見ても、信長は将軍職への就任には消極的だったと考えるしかない。天皇・朝廷との属人的な協調関係を作っただけで、制度的な参画を望まずに「朝敵」の言葉を用いたとすれば、その言葉の効能として残るのは軍事的・戦略的な意味合いだけである。

夢まぼろしの「静謐」

そこから浮かび上がるのは、戦争を第一の目的とする天下人の姿である。見方を変えれば、戦争に注力するあまり、軍事以外の分野にはほとんど関心を示さず、ないがしろにするのだ。信長政権が持つそのような側面については、ほかの戦国大名と比べて財政・行政的な機構が未発達だったこと（[戦国史研究会編二〇一一]）、京都という大都市の統治者となったことで集中した裁判案件に対しては審議に消極的で、統一的な判断基準すら持ち合わせていなかったこと（[早島二〇一七]）など、さまざまな観点から指摘されているところである。こうした統治面での諸政策を等閑視するところに、信長という天下人の特性があるのだろう。

ここで問題となるのは、信長にとっての「静謐」である。近年、金子拓氏によって、これまで信長の全国統一事業と考えられてきたものは、じつは「天下静謐」を維持するための戦いであるという見解が出された（[金子二〇一四]）。従来の議論を大きく変える興味深い指摘だが、第一章で見たように「静謐」とは、争いのない静かに落ち着いた平和な状態だけでなく、そこから波及して社会的に守るべき秩序が遵守されるようになることをも意味する。けれども信長にとっては、前者だけで「静謐」と表現した可能性が高く、平和な状態にした後

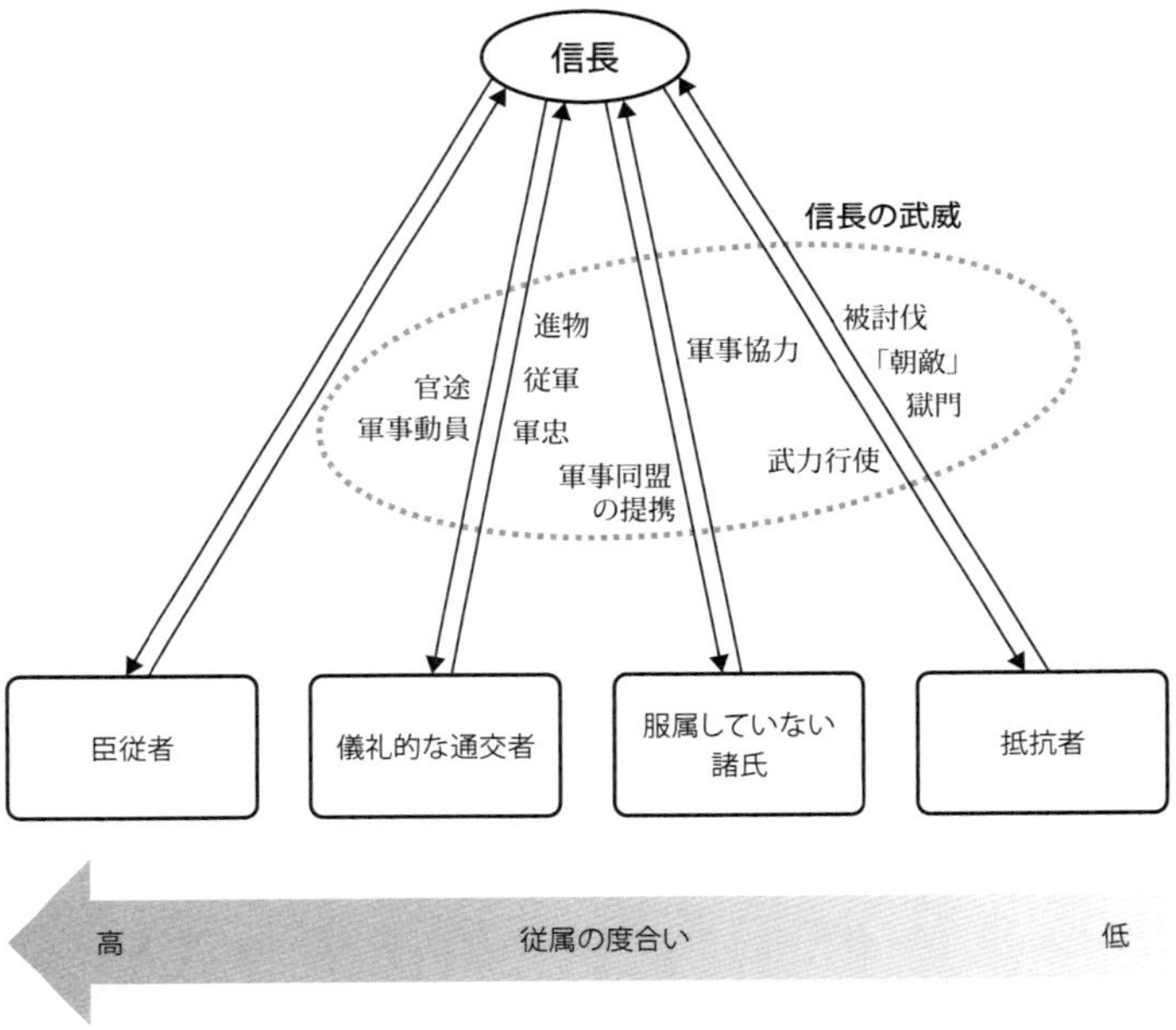

信長の武威の概念図
秀吉と異なり、武威のなかで、臣従した後のビジョンを示していない。軍事的な主従関係以上に、他者の従属を高めていくための武威とならない。

の、社会の秩序や規範は現状維持とするだけで、その再建にはさほど関心を示さなかったのではないだろうか。だとすれば「天下静謐」もまた、彼にとっては戦争状態の対義語にすぎず、自分の軍事的優位性を誇るだけのフレーズだったことになろう。

統治的側面が後退した「静謐」とは戦争が起きていない状態を意味し、その場合の「天下静謐」とは、信長に敵対する者がいないというだけの空間である。

「天下」は信長の版図に従って拡大していくが、それは地方の大名とは信長を盟主とする軍事同盟で結ばれているだけの、戦略上の利害関係が一致している共同体にすぎないだろう。もちろん信長は、同盟相手であった家康を徐々に従属下に置いていったように、地方大名ともまずは軍事的な連携の締結から着手したのであろうが、帰結するところの従属は軍事的なものでしかない。

武田領平定の戦況報告のなかでも、信長は戦争の成果の大きさを誇大に語りながら、それによりどのような事態が発生したのかという点で語るところは、じつに淡泊である。本書第一～二章で見てきた秀吉の武威では、戦果の後には検地を始め、統治が行き届いた「静謐」を語るのが常であったが、信長にとっての武威は戦果を挙げることが最大の目的であった。統治面への関心・理解の薄さと、人々の自在な信長像の見立てを放任しているところは、通じるものがある。それらを置き去りにしたところに打ち立てられた天下人信長という金字塔は、その与える巨大なイメージとは裏腹に、正体の判然としないものとなろう。

たしかに信長は、地方の大名とも軍事的な従属関係を構築しつつあった。しかし、その関係性の脆さは、信長が本能寺で消えればたちまち雲散してしまったことからも明らかであろう。

終章　「武威」から見えた二人の違い

信長の武威、秀吉の武威

本書では武威をキィワードに、信長と秀吉という二人の天下人が、遠国に対して影響力を強めていく過程を追いかけてきた。その具体的な経過は本文中に述べてきたところなので、ここでは、信長、秀吉、それぞれの武威の様相について見えてきた共通点や相違点を整理しておくことにしたい。

信長の武威の特徴は、そこで語られる自身の武功にも、それによって獲得しようとする目的にも、軍事的な性格が前面に出ていた点にある。信長にとって通交相手は軍事的な連携者であり、それに抵抗する者は敵対勢力となった。連携者を保持しようとする動きは、とくに大規模な戦争を控えた場面で顕著になり、連携を受け入れた者は信長の戦争に動員されて従属者へと変質していく。こうした過程は、信長が語る武威にも反映しており、自身の軍事的な戦果の大きさを語るところに軸足を置いていた。

信長も、たしかに文中では「静謐」という言葉を使ってはいたが、それは戦争の対義語としての意味しか与えられておらず、統治的な側面に関しては具体的な政策を欠いているものだった。信長が隣接する脅威との戦争に明け暮れているうちはそれでもよかったが、その版図が広がり権勢が高まるにつれて、軍事的成功だけでなく統治者としての姿勢や功績を語る必要性が高まったにもかかわらず、本書で読み進めてきた信長の書状にはそのような言葉を確認できない。その空虚さは、統治者として自分自身を語る言葉を、信長本人が持ち合わせていなかったのではないかとすら思えてくるほどだ。

それゆえに信長を取り巻く人々が語る天下人の姿は、さまざまな偶像を生み出す結果となった。信長自身が語る武威も、自身の軍事的優位性を高めるために誇張した表現が見られたが、連携者の新規獲得を任された家臣たちは、さらに誇張した武威を語っていく。信長は、それを統制しようとしなかったこともあり、周囲の人間によって武威は自在に語られていく傾向にあった。

信長と周囲の人間が武威を語る目的は、なによりも軍事的な連携者の獲得であった。信長への軍事的連携が「天下」のためであるとする論法は、それを端的に表現した一文である。信長の「天下」がこうした連携の蓄積にすぎないとすれば、彼の作りあげた「天下」の内実を過大に評価することはできないだろう。

一方、後継の天下人となった秀吉も、たしかに誇大な武威を語っていた。しかし秀吉の武威では、戦果の大きさを語るだけでなく、秀吉の存在によって「静謐」になったことにも重点が置かれていた。「静謐」により社会のあるべき秩序が回復したことで、諸大名が秀吉に

「御礼」を遂げ、上下の主従関係の形成に至るという論理が、語られる武威の随所で確認された。

たしかに秀吉の「静謐」は、公権力としては、限界をともなうものであったことは否定できない。たとえば大友―島津間の和睦調停では、双方の主張点と妥協点の折り合いを調整していくような手間暇はかけられず、最終的には武力による強制解決へと至るものであった。しかし武力が作用した結果としての「静謐」という関係は、秀吉の武威の根幹となっている。この「静謐」が、秀吉と諸氏の間でのあるべき秩序、すなわち天下人を頂点とした主従関係を形成する前提条件となるのである。こうした限界性を踏まえないまま、「静謐」の断片を拡大解釈し、社会全体の平和創出が政権の基本政策であると理解したところに、「惣無事令」論の問題点があった。秀吉の掲げた諸大名に対する「静謐」とは、あくまでも主従関係を構築する前提にすぎないことに注意しておきたい。

それぞれの関心の所在が異なる

こうした相違は、二人の天下人が関心を寄せていたところに由来するのであろう。戦争遂行のために、そして戦略上の優位性を得るために、必要となる連携者の確保に重点を置いた信長。短期間で服属者を増やし、自身を頂点とした「一統（統一）」という状態を作りあげることに専念した秀吉。二人の天下人が諸氏に求めた服属のあり方は、それぞれのニーズによって変わってくる。それに応じて、語られる武威の内容にも違いが出てくるのだ。

その違いは、討伐者の首を晒す方法にも表われていた。信長が「朝敵」に相当する人物の梟首場所として獄門に拘《こだわ》りを持っていたことは第六章で見たとおりだが、秀吉の場合は、そのような関心はなかったようである。秀吉の統一戦で首を討たれた者たちの京都での梟首場所を見ても、明智光秀の首は粟田口に、柴田勝家の首は六条河原に、北条氏政らの首は聚楽第の橋にというように、一貫した論理を見出すことができないのだ。だが朝廷は、秀吉の地方出征のたびに戦捷祈願を行わせている。これによって敵対した相手は晴れて「朝敵」となり、その首は獄門に懸けられる有資格者となるはずなのだが、秀吉は「朝敵」や獄門には執着しなかったということになろう。

これを解釈するには、秀吉と信長の天下人としての権威のあり方の違いなど、いろいろな前提や二人を取り巻く環境を含めて考えていく必要がある。ただ第三章で見たように、秀吉自身が「降る者はこれを近づけ」と表明していたことは一つのヒントになるだろう。信長のような敵か味方か、「天下」の構成者か「朝敵」かといった二項対立的な線引きを、「降る者はこれを近づけ」る天下人は避けようとしたのではないだろうか。実際に戦捷祈願によって観念上は「朝敵」と認定された佐々成政や島津義久も、秀吉に服属した後は、豊臣政権を構成する一大名として復権を果たしている。信長のように明確な線引きをしてしまうと、こうした属性の変化を許容する道は閉ざされ、相手が「朝敵」として首を差し出すまで熾烈な殲滅戦を続けなければならない。それは明確で分かりやすい戦争ではあるが、反面で時間も人も物資も多大なロスが生じてしまう。秀吉はそこに意義を認めていなかったようだ。

秀吉といえば、関白に任じられ、天皇権威に全面的に依拠して自身の正当性を構築した天下人であるというように理解される。とくに伝統的な官位秩序を大名編成に応用したことは、豊臣期の武家官位制として評価されており（［矢部二〇一一］ほか）、天皇・朝廷の権威を積極的に利用した印象が強い。だが、こと「朝敵」の論理に関しては、じつは慎重に距離を置いていたのではないだろうか。

秀吉は、諸大名との主従関係の形成を促進し、関係性を強化するために役立つものは貪欲に導入し、その一方で、そうした効果が低いものには関心を払わなかったのであろう。

武威の系譜の過去とその後

このように語られる武威の内実やその目的に開きがあるとすれば、単純に秀吉の統一を遡及させて信長の統一を論じることには慎重であるべきである。

それは武威に限らず、さまざまな側面にも当てはまるだろう。一般には、信長から秀吉へと師資相伝のように継承された印象が強く、それが信長のイメージ形成にも影響しているように思われる。たとえば、時代の扉を押し開けた「革命児」「先見性」「国際感覚」など、信長のイメージに付きまとうフレーズは、秀吉以降の到達点から遡《さかのぼ》らせて投影させた先入観から形づくられたものが多い。これに対して、近年は信長について冷静に議論すべきとする指摘が相次いでいるが（[神田二〇一四][金子二〇一四]ほか）、その方向性は今後とも堅持していく必要がある。やはり史料に基づいた落ち着いた検討が不可欠の作業であり、それぞれの文脈や時代背景を無視して、史料上の類似した表記だけを並べていったところで、実態との乖離は広がるばかりであろう。

むしろ信長については、前代の室町将軍との共通点・相違点について、より積極的に考えていくべきではないだろうか。これは、信長と関係の深い足利義昭だけでなく、それ以前の義稙《よしたね》・義晴・義輝といったあたりを対象にした比較が望ましい。戦国期にも続いた室町幕府から、信長はどのようなものを継承し、あるいは継承しなかったのか。すでに山田康弘氏などによって取り組みが始まっているが（[山田二〇一一]ほか）、より多面的な検討、たとえば本書で取り上げた武威によって連続面と不連続面とが浮かび上がってくると、信長を考える上でも有効な指針となるはずである。

一方の秀吉の武威は、国内の統一後、さらなる膨張を遂げる。天下人が掌握した巨大な武力によって静謐な状態を作り出し、それによって主従関係をより強固なものへと増強させていく動きは、武力を見せつける舞台が日本国内から消滅した時、外へと溢れ出していくのだった。これについては、伝統的な対外観に即して、秀吉が諸外国との外交関係を自身との主従関係に置き換えて展開したものとして、かつて簡単に素描したことがあるが(［黒嶋二〇一五］)、周知のように、その戦争は秀吉の意に反して多くのロスを計上することとなった。さらに後継者となった天下人家康は、武威による外交に失敗し、以後の江戸幕府は武力を前提としつつ、静謐の側面に軸足を置いて、観念化した武威を語っていくようになる。

こうした武家政権の系譜のなかで、信長・秀吉それぞれの武威が、どのような位置づけを持つものだったのか。大きなテーマであるだけに、すぐに回答を出すのは難しい。ひとまず本書では、天下統一に揺れ動いた二十年という時間のなかで、それが国の内側でどのように作られていったのかを史料から探ってみたところである。そこから得られたものをもとに、また、あらためて考えていくこととしたい。

おわりに

二〇一七年十月の衆議院議員総選挙の喧噪のなかで、本書の原稿を仕上げることとなった。中学生のころに「中曽根裁定」前の多数派形成を報じるテレビのニュースショーで、積み木を使った「数の論理」の解説を見せつけられて以来、今でも選挙の開票速報をダラダラと見るのが密かな楽しみだったりする。もっとも、正真正銘の無党派なので、特定の誰かを応援するものではないのだが、それでも選挙と聞くとソワソワと気を揉んでしまうのは、もとから品性とは無縁の野次馬的要素が備わっているためかもしれない。とにかく、衆議院が解散された日は、めぐり巡って本書の遅滞を覚悟したほどなのである。ただ、今回の選挙は、風を起こそうとした側に逆風が吹き、盛り上がりを欠く消化不良なものに終わった。結果、幸か不幸か懸念も杞憂に終わり、原稿の遅れでそれほどの迷惑をかけずに済んだのである。

そんな気恥ずかしい告白から書き始めたのは、選挙のたびにばら撒かれる公約と、本書のテーマとしてきた「武威の論理」との間に通じる部分を感じたからだ。有権者の期待感を高めようと、時には空々しいほどの巧言をならべて明るい未来を語り、自分にとって都合のいい実績だけを誇大にアピールしていく選挙公約は、本書で追いかけてきた信長・秀吉の発した文書と、プロパガンダという点で共通項を持つのではないだろうか。もちろん、「武威」である以上、現代政治とは異なり軍事的な成功を土台としているものではあるのだが、宣伝(喧伝?)の政治手法としては、重なりあう部分は大きいように思う。この点では、本書の執筆はさながら選挙公約だけを用いて現代政治史を描くようなものであって、これでは表層をなぞっただけの皮相なものである、というご批判は甘受しなければならないだろう。

ただ、同時代人である私たちには、選挙公約に記された幻想やハッタリを容易に見極めることが可能であるが、四百年も経ってしまうと、宣伝文の一語一語と実態との距離感は容易に摑みがたい。ましてや、その中のワンフレーズだけを抜き出して、大きな意義を与えてしまっては、問題が残るのではないだろうか。本文中で言及してきた「惣無事令論」は、たとえて言えば、ばら撒かれた豆粒から一粒だけを選び、そこに強い光を当てて、まるでジャックと豆の木のような大木の影を浮かび上がらせたものといえるだろう。ただこれは「惣無事令論」に限らず、これまで学界や歴史ファンを賑わせてきた「三職推任」や「本能寺の変」をめぐる議論にも同じことがいえる。史料の中の一部をもとに理論化すると、論説として成立しうるものではあるのだが、根本の史料解釈に疑問符がついてしまう。なかなか、この時代の史料を読むのは厄介なのである。

そうした反省もあって、本書ではなるべく一通の文書の全体で解釈を示し、そこから組み立てていくという手法を採った。冗長で泥臭い叙述になってしまったかもしれないが、一通を丁寧に見ていくことで、信長と秀吉が遠方の大名とどのように関わろうとしていたのかがわかり、そしてそこから、それぞれの立ち位置の違いというものも浮かび上がってきたように思う。個人的には、こんな宣伝文のような素材からでも彼らの肉声が伝わってくるようで、地味ではあるが面白い作業となった。天下人の利己的な主張と片付けられがちなものでも、これが分裂した戦国社会を統合へと進める一助となったことは否定できず、その政治性はもっと評価されてしかるべきであろう。

さて、こうした機会を与えてくださった平凡社と、同社編集部の坂田修治氏には心より感謝を申し上げたい。初めて坂田氏にお目にかかり、この《中世から近世へ》シリーズへのお誘いをいただいた時には、重厚で専門的に戦国期の研究を推し進めている他の執筆陣に比べると、フラフラと変化球ばかり投げているような自分はなんとも気後れしてしまったものだった。それでもどうにかここまでたどりつくことができたのは、坂田氏の本シリーズへの意気込みと真摯な仕事ぶりによるものにほかならない。拙著がシリーズの足を引っ張りはしないかと心配なところもあるのだが、今はただ、学生時代にお世話になった平凡社選書や平凡社ライブラリーに思いを馳せつつ、同社出版物の一つに加えていただいたことを光栄に思うばかりである。

二〇一八年一月一日

黒嶋　敏

史料編

本文において、二字下げで現代語訳を引用した史料の該当部分を、読み下しにして掲げる。活字刊行物による出典は【史料出典一覧】にある略称で示したが、東京大学史料編纂所所蔵の写真帳などにより、刊本とは一部読みをあらためた個所がある。また常用漢字を基本とし、カタカナはひらがなにあらためた。

【史料1】〔天正十一年〕五月十五日付け小早川隆景宛て羽柴秀吉書状（『毛利』九八〇）

（中略）

一、東国は氏政《北条》、北国は景勝《上杉》まて、筑前《羽柴秀吉》覚悟に任せ候、毛利右馬頭《輝元》殿秀吉《羽柴》存分次第に御覚悟なされ候へは、日本の治、頼朝《源》以来これには争か増すべく候や、能々御異見専用に候、（中略）

（天正十一年）五月十五日　秀吉（花押）

小早川左衛門佐《隆景》殿　御返報

【史料2】〔天正十三年〕十月二日付け島津義久宛て豊臣秀吉書状（『島津』三四四）

勅諚に就き筆を染め候、よって関東は残さず奥州《陸奥国》の果てまで綸命に任され、天下静謐の処、九州の事は今に鉾楯の儀、然るべからず候条、国郡境目相論、互いの存分の儀聞こし召し届けられ、追って仰せ出さるべく候、先ず敵味方とも双方に弓箭をあい止むべき旨、叡慮に候、その意を得らるべき儀、尤もに候、自然この旨を専らにせられず候はば、急度御成敗をなさるべく候の間、この返答、おのおのの為には一大事の儀に候、分別あり、言上あるべく候なり、

（天正十三年）拾月二日　（花押）（豊臣秀吉）

島津修理大夫（義久）殿

【史料3】〔天正十三年〕十月二日付け伊集院忠棟宛て細川藤孝・千利休連署状（「松井氏所蔵文書」『大日』十一―二一、天正十三年十月二日条）

豊州（大友氏）と貴国（島津氏）、御鉾楯の儀に付きて、関白殿（豊臣秀吉）御内証の趣き、承り及ぶ通り条数をもって申せしめ候、

一、近年都鄙乱逆をあい静められ、大底静謐に属し候、これに依り禁庭も御崇敬し候、則ち内大臣に任ぜられ、当職御預け候、然らば天下叡慮の趣をもって、いよいよ堅固に仰せ付けられ、南北東西下知に任せられ候、

一、九州の儀、今に互いに御遺恨あい止まず、近々御争論の趣その聞こえ候、然らば先ず万事を抛たれ、綸命に応ぜられ、和融の姿然るべく候、その時国々境目理非により裁判あるべき由、面々御書をもって仰せ下され候、もし御承諾無きにおいては、急度行に及ばるべき御内存に候、勿論に候といえども、御分別この節に候か、先年太守（島津義久）通ぜらるべき様、仰せ越され候間、まず内証を書状をもって申せしめ候、御返事により、なお段々に申し承くべく候なり、以上、

（天正十三年）十月二日

玄旨《（細川藤孝）》（花押）
宗易《（千利休）》（花押）

伊集院右衛門太夫《（忠棟）》様

【史料4】〔天正十三年〕十二月七日付け大友義統宛て豊臣秀吉書状写（「大友家文書録」一、『秀吉』一七六七）

霜月十一日の書状、当月七日大坂に到り披見し候、然らば義統《（大友）》筑後表へ在陣の処、先年信長《（織田）》下知をもって、その方と嶋津《（義久）》和談有るの処を相い破り、義統分国中へ乱入の由、是非に及ばず候、それにつき味方中迷惑せしむるに付きて、その方手前如何の由候の条、四国・西国人数申付遣わすべくあい極まり候処、嶋津敗北の由、是非なく候、この上は義統・輝元《（毛利）》間柄の儀、入定これ有り候、宮木右兵衛入道《（宗賦）》・安国寺西堂《（恵瓊）》頓而差し遣わすべく候条、少々の出入はあい止められ、入眼これ有る上において、嶋津所へも急度使者を差し遣わし、その返事により、四国・西国の者ども・毛利右馬頭《（輝元）》、その外秀長《（豊臣）》を初として、何も残さず先勢として申し付け、殿下には見物として、関・渡辺まで動座すべく候、連々申し通じ候の条、八幡大菩薩何れの道にも休庵《（大友宗麟）》・義統の事、見放つべきにあらざる儀に候、□□□安候、猶宮内卿法印《（松井友閑）》・利休《（千）》居士申すべく候□、

（天正十三年）□□□《（十二月）》七日　秀吉《（豊臣）》御判

大□左兵衛督《（大友義統）》殿

【史料5】〔天正十三年〕十一月十日付け柳沢元政宛て毛利輝元書状（東京大学史料編纂所所蔵影写本、「柳

沢文書」六、年次比定は［水野嶺二〇一七］による）

急度申せしめ候、去年薩州《島津氏》御下向の首尾をもって、豊州《大友氏》半ばの儀、楯鉾に及ばれ、大友家の事、あい果てらるべきの体の由に候、これにより、豊・筑一味中入魂の条、一勢を差し下し候、然る時は薩州・この方手合せの儀肝要にあい随い候、この分目、薩州に至り申し談じ度く候条、この方の事、誠に寒天、遠国かたがたもって御辛労申す計りなく候へども、御下向候て給うべく候、以来の儀、豊・筑模様により、月迫を謂わず、自身出張すべき迄に候、右の趣をもって早速御分別祝着たるべく候、書状口上の儀は直談に及ばず候、追々差し下し申し、御分別をなし候、猶口上に任せ候、恐々謹言、

（天正十三年）十一月十日　　右馬頭　　輝元《毛利》（花押）

柳沢新右衛門尉《元政》殿　進之候

【史料6】［天正十四年］正月十一日付け細川藤孝宛て島津義久書状案（『上井覚兼日記』天正十四年正月二十三日条）

そもそも天下一統、静謐せしむるにより、関白殿《豊臣秀吉》より九州の鉾楯停止すべきの段、殊更綸言をあい加え候か、すなわち勅命に属し候、随いて、先年信長《織田》公才覚をもって、大御所様《近衛前久》仰せ刷われ、豊《大友氏》・薩《島津氏》和平の姿まかり成り候已来、いささかも隔心なきの処、豊よりは度々楸変これ有りといえども、右一諾の筋を守り、今に干戈の催しなく候、然る処、頃肥《肥後国》の国境に向かい、数ケ所破壊を致され候、かくのごとく、いよいよ執り懸けらるに於いては、自今已後の儀等測りがたく候、必竟相応の防戦におよぶべく候や、少も当邦の改易たるべからず候、この旨をもって御用捨をなされ、よろしく御披露に預か

るべく候、恐々謹言、

（天正十四年）正月十一日　　義久（島津）　御判

細川兵部（藤孝）入道殿

【史料7】〔天正十四年〕三月十五日付け島津義久宛て豊臣秀吉書状写（「古文書纂」、『秀吉』一八六二）

去年仲冬の書状、只今参着、披見し候、そもそも天下の事、いよいよ関東に至り指麾に属し、殊更綸命をもって補佐し候、然して遼遠に、早速使者を差し上され、向後深重に忠功を抽んぜらるべきの旨、尤もって弥重に候、秀吉（豊臣）においても、いささかも等閑あるべからず候、はたまた鷹二居弟兄到来、懇志悦び入り候、別して自愛他なく候、猶玄旨（細川藤孝）申すべく候なり、謹言、

（天正十四年）三月十五日　　秀吉

島津修理（義久）大夫殿

【史料8】〔天正十四年〕五月二十八日付け松浦隆信宛て豊臣秀吉書状（「松浦文書」『秀吉』一八九七）

三月十三日書状、今月廿六日到来し候、そもそも九州の儀、毛利・大友・島津に対し、某々国分儀仰せ付けらるといえども、その方儀は先年書状など差し上せ、懇に申し越され候の条、人質以下御存分の如く進上においては、進退の儀別条なき様、各へ仰せ出され候間、心安く存ずべく候、猶尾藤左衛門尉申すべく候なり（追而書省略）、

（天正十四年）五月廿八日　　（花押）（豊臣秀吉）

松浦肥前守《（隆信）》とのへ

【史料9】〔天正十四年〕七月付け毛利輝元宛て島津義久書状案（「島津家文書」『旧記』後二―一四八）

芳問のごとく、今度大坂に到り、連々御無音の趣、使節をもって申し登せ候、然らば関白殿《（豊臣秀吉）》と御対談なされ、あまつさへ条々御懇に承る儀仰せ含められ、事能く下着し候、外聞実にこれに過ぎず候、いよいよ芸《（毛利氏）》・薩《（島津氏）》純熟を致すべき事、向後不可有愀変あるべからず、猶委細の段、五戒房演説たるべきの条、省略せしめ候、恐々謹言、

（天正十四年）七月　　修理大夫　義久《（島津）》

謹上　毛利右馬頭《（輝元）》殿

【史料10】〔天正十四年〕正月二十五日付け島津義久宛て毛利輝元書状（「島津家文書」『旧記』附一―一〇四二）

旧冬飛脚を企て候の処、委細仰せを蒙るの通、その意を得候、仍って天下静謐につき、小早川《（隆景）》・吉川《（元長）》の事、大坂に至り、不図差し上り、改て下向し候、然らば九州の儀、諸家有無の事、京都馳走を遂げられ候の様、助言を致すべきの由に候、心蓮坊指し上され候条、関白殿《（豊臣秀吉）》御下知の趣、あい副一人に申し談ずべく候、猶後音を期し候、恐々謹言、

（天正十四年）正月廿五日　　右馬頭輝元《（毛利）》（花押）

謹上　嶋津《（義久）》殿

【史料11】〔天正十四年〕七月十二日付け豊臣秀吉朱印状写（「大友家文書録」『秀吉』一九〇八）

先月廿八日の注進状、今月十日、京都において披見せしめ候、今度宗滴（大友宗麟）上洛につき、条目を帯し申し遣わし候処、その方・輝元（毛利）合躰の由、尤も神妙の至に候、然らば島津（義久）事同心のなきの由、是非なく思し召し候、この上は征伐せらるべし（中略）、

〔天正十四年〕七月十二日　　秀吉御朱印

大友左兵衛督（義統）殿

【史料12】〔天正十五年〕正月十九日付け豊臣秀長宛て島津義久書状案（「島津家文書」『旧記』後二―二三〇）

（中略）大友家連々懇望候や、他邦を引卒し執り懸けらるの由、顕然の条、分国折角に及び、日向堺まで出張を致し、防ぎ矢として、軍衆差し向け候、然らば千石殿（仙石秀久）・長宗我部殿（元親）、義統（大友）一致をなさるるの段、その聞へ候の間、右両手に至り、今度出馬の儀、縦い関白殿（豊臣秀吉）御下知たりといえども、当家より京都に対し、いささかも緩疎に存ぜざるの上は、何条御遺恨あるべきか、用捨をなすべき、肝要の旨、遮って申し渡し候といえども、承引なくあい懸けられ候、黙止しがたく、一戦し、勝利を得候、あまつさへ豊（大友氏）の衆敗軍により、千・長諸勢の差異を分けず、数千騎討ち果たし候、案外の至、今更是非におよばず候、然れども深長に申し入るの筋たらば、京都・四国の士卒府内表において、せん方なきの砌、弟中務少輔（島津家久）扱いとして、大船三四艘ほど、堅固に出船を遂げられ、その隠れあるべからず候、かたがたもって御遠慮、時々取り合いに預かるべき事本懐に候、恐々謹言、

（天正十五年）正月十九日　修理大夫　義久（島津）

謹上　羽柴美濃守殿（豊臣秀長）

【史料13】天正十五年五月九日付け島津家久宛て豊臣秀吉判物（『島津』三四五）

日本六十余州の儀、改めて進止すべきの旨、仰せ出さるるの条、残さず申し付け候、然れども九州国分の儀、去年あい計う刻、御下知に背き、猥の所行により、御誅罰として、今度関白殿（豊臣秀吉）薩州に至り御動座なされ、既に討ち果さるべきの剋、義久（島津）一命を捨て走り入るの間、御赦免し候、然る上は、薩摩一国充行われおわんぬ、全く領知せしめ、自今以後、叡慮をあい守り、忠功を抽んずべき事専一に候なり、

天正十五年五月九日　（花押）（豊臣秀吉）

嶋津修理大夫（義久）とのへ

【史料14】（天正十四年）四月十九日付け佐竹義重宛て豊臣秀吉書状（『上杉』八三五）

去月七日の返札到来、披見を遂げ候、よって会津（蘆名氏）と伊達（伊達氏）、累年鉾盾の由に候、天下静謐のところ、謂わざる題目に候、早々無事の段、馳走肝心に候、境目等の事は、当知行に任せて然るべく候、双方自然存分これ在るにおいては、返事により使者を差しこすべく候、不斗富士一見すべく候条、委曲その節を期し候なり、

（天正十四年）四月十九日　（花押）（豊臣秀吉）

佐竹右京大夫（義重）殿

【史料15】〔天正十四年〕五月二十五日付け白河義親宛て豊臣秀吉朱印状（「國學院大學所蔵白河結城家文書」『白河』九七一）

佐野の事、異儀なきの段、尤もに候、自然の儀、入魂専一に候、家康（徳川）の事、種々縁辺等の儀まで懇望せしめ候条、誓紙・人質以下堅くあい卜し、赦免せしめ候、然して関東の儀、近日使者を差し越し、境目をあい立て、静謐に属すべく候、もしあい滞る族これ有らば、急度申し付くべく候条、その間の儀、聊爾の動これ有るべからず候、委細山上道牛にあい含め候、猶増田右衛門尉（長盛）・石田治部少輔（三成）申すべく候なり、

〔天正十四年〕五月廿五日　（朱印）（豊臣秀吉）

白川七郎（義親）とのへ

【史料16】〔天正十六年〕四月六日付け白河義親宛て富田一白書状（「東京大学文学部所蔵白川文書」『白河』九九〇）

いまだ申し通ぜず候といえども、啓せしめ候、そもそも去歳九州嶋津（島津義久）御追罰あるべしとして、御動座候処、御陣中へ走り入り懇望し奉り候間、御料簡に及ばれず、御赦免あり召し返され候、誠に唐国までも平均眼前に候、この上は関東・奥両国惣無事の儀、仰せ出され候条、その意をなさるべく候、然らば関・奥諸大名もし言上なさるるに至らば、我等御取次の儀馳走可申すべきの段、仰せ付けられ候

間、使者をもって申し定め候、急速に御使指し上せらるにおいては、御書巳下申し調え進すべく候、この外随身の御用等仰せを蒙り候はば、涯分走り廻るべく候、委細は彼の口上に申し含め候間、省略せしめ候、恐々謹言、

（天正十六年）卯月六日　一白《（富田）》（花押）

白川《（義親）》殿　御宿所

【史料17】〔天正十五年カ〕十二月三日付け片倉景綱宛て豊臣秀吉書状（『伊達』九八六）

富田左近将監《（一白）》に対しての書状、披見を遂げ候、関東惣無事の儀、今度家康《（徳川）》に仰せ付けられ候の条、その段あい達すべく候、もしあい背く族これ有るにおいては、成敗を加うべく候間、その意を得るべく候なり、

（天正十五年カ）十二月三日　（花押）《（豊臣秀吉）》

片倉小十郎《（景綱）》とのへ

【史料18】〔天正十六年〕十月二十六日付け伊達政宗宛て徳川家康書状（『伊達』三九二）

その表惣無事の儀、家康《（徳川）》申し噯うべき旨、殿下より仰せ下され候間、御請け申し、すなわち使者をもって、和与の儀申し噯うべき由存じ候処、早速に御無事の由、然るべき儀に候、殊に義光《（最上）》の儀、御骨肉の事に候間、いよいよ向後互に御入魂専用に候（中略）

（天正十六年）十月廿六日　家康《（徳川）》（花押）

伊達左京大夫（政宗）殿

【史料19】〔天正十六年〕閏五月二十六日付け白土右馬助宛て豊臣秀吉朱印状（『福島』「白土文書」一二六）

遠路使者を差し上され、殊に白鳥十幷びに刀一腰〈銘真守〉、到来、悦び思し召し候、仍って関東の事、北条（北条氏）何様にも上意たるべき次第の旨、御佗言申し上げ候間、やがて御上使国々に遣わされ、置目等の儀、堅く仰せ付けらるべく候、その節、国衆と相談し馳走肝要に候、猶増田右衛門尉（長盛）申すべく候なり、

（天正十六年）閏五月廿六日　（豊臣秀吉）（朱印）

白土右馬助とのへ

【史料20】〔天正十六年〕九月十三日付け伊達政宗宛て施薬院全宗書状（『伊達』三八七）

それ以後は差したる儀なく候の条、無音を致し候処、道有（坂東屋）罷り下る間、啓上せしめ候、京都いよいよ静謐に属し、九州諸大名は在洛し候、東国の儀も無事罷り成り、北条美濃守（氏規）今度上洛せられ、御礼申し上げられ候、然らば貴殿の儀、そこ許御隙もあき候はば、不斗御上洛待ち奉り候、道有相談有るべく候、省略せしめ候、恐惶謹言、

（天正十六年）九月十三日　（施薬院）全宗（花押）

伊達左京大夫（政宗）殿　人々御中

【史料21】〔天正十七年〕七月四日付け伊達政宗宛て豊臣秀吉書状案（『福島』「佐竹文書」五三）

会津表に至り乱入の由、如何の子細に候や、蘆名事は、数年別して御諚を得、御礼等申し上げ候儀に候条、宿意これ有るにおいては言上に及び、有様仰せ付けらるべく候処、この度の動、是非なき次第に候、私の遺恨ありといえども、猥りの儀越度たるべく候、早々に人数等打ち入るべく候、もし諚にあい背くにおいては、越後宰将（上杉景勝）を始めとして指し遣わされ、御人数、急度仰せ付けらるべく候、その意をなすべく候、なおもってその方の儀、連々上意次第の由に候処、彼の面へ動、不実に思し食し候、具に言上あるべく候、委細富田左近将監（一白）申すべく候なり、

〔天正十七年〕七月四日　御判（豊臣秀吉）

伊達左京大夫（政宗）殿

【史料22】〔天正十七年〕七月二十一日付け伊達政宗宛て前田利家書状（『伊達』四二六）

御飛札の趣、具さに披閲し、本懐の至りに候、仍って今度会津表において、一戦に及ばれ、即刻に一篇に属さるるの由、もっとも珍重に候、右の通、即ち上聞に達し候の処、彼の仁の事、最前関白様（豊臣秀吉）へ御礼申し上げ、御存知の儀に候、遠国に付て、私の宿意をもって鬱憤を止めざる事、御不審に思し召さるるの旨、仰せ出され候の条、此度の始末、様々に御取成申し上げ候、猶もって、達ての御理仰せ上され、然るべく候間、急と御使者を指し上され候はば、いよいよ施薬院（全宗）・富田左近将監（一白）と相談せしめ、御諚を得るべく候、御油断あるべからず候、様子においては、良岳・坂東屋宗有申し渡し候の条、詳に能わず候、恐々謹言、

（天正十七年）七月廿一日　羽筑　利家（前田）（花押）

伊達（政宗）左京大夫殿　御返報

【史料23】〔天正十七年〕七月二十二日付け片倉景綱宛て施薬院全宗書状（『伊達』四二八）

今度会津において一戦に及ばれ、御本意に属さるる趣、飛脚をもって仰せ上され候、蘆名方の事、連々御礼申し上げ、御存知の仁に候、私の儀をもって、打ち果され候段、御機色然るべからず候、天気をもって一天下の儀仰せ付けられ、関白職に任ぜらるの上は、前々に相替り、京儀を経られず候はば、御越度たるべく候条、御使者を差し上せられ、御断りなさるべく候や、その段に及ばす候か、御分別次第に候、御目を懸けられ候間、残さず愚意申し入る儀に候、猶良岳申し達せらるべく候、恐々謹言（追而書省略）、

（天正十七年）七月廿二日　全宗（施薬院）（花押）

片倉小十郎（景綱）殿　御返報

【史料24】〔天正十八年〕八月十一日付け島津義久宛て豊臣秀吉朱印状（『島津』三五七）

北条の儀、誅戮を加えらるに付き、祝儀として、太刀一腰、馬代銀三枚、奥州会津においてあい達し候、遠路の到着、精を入れらるる段、悦び思し召し候、出羽・陸奥の果てまで、御人数差し遣わされ、所々の物主あい付けられ、御置目など残さず仰せ付けられ、伊達・南部・山形を始め、妻子在洛の為差し上せ、御隙を明けられ候条、明日十二日還御なされ候、猶石田木工頭（正澄）申すべく候なり、

（天正十八年）八月十一日　（朱印）《豊臣秀吉》

島津修理《義久》入道とのへ

【史料25】天正十六年閏五月十四日付け島津義弘宛て豊臣秀吉朱印状（『島津』三八一）

陸奥守《佐々成政》前後悪逆の条々の事、

一、天正十二年殿下《豊臣秀吉》へ対し、柴田《勝家》謀叛を企、江州《近江国》北郡よこ面へ乱入いたし候に付て、殿下自身かけ付られ切崩、その足にて越前北庄打ち果され候処、陸奥守柴田と同意仕り、越中国にこれ有りて、加賀国かなさは《金沢》の城、佐久間玄蕃《盛政》居城、柴田相果候により、明退候処、陸奥守かなさはの城へかけ入、あい践み候間、越前より直に御馬を出され、彼かなさはの城とりまかさせられ候処、かしらをそり、首を刎ねらるべきの由申し候て、走り入り候間、首をもはねさせられず、剰へ先々の如く越中一国下され、飛騨国取次まで仰せ付けられ候事、

一、天正十三年、信雄《織田》尾張国にこれ有りて、あい届かざるの刻、彼の陸奥守又候や、人質をあい捨、別儀をいたし、加賀国端へ乱入せしめ、城々を拵え候条、則ち御馬を出され、端城うちはたされ、越中陸奥守居城と山《富山》の城とりまかれ候の処、又候や、陸奥守かしらをそり走り入り候間、あはれに思し召し、首を刎ねられず、城を請け取られ、越中半国下され、妻子をつれ、在大坂に付て、不便に思し召され、津の国《摂津国》能勢郡一色に、妻子堪忍分として下され、剰へ公家にまてなさせられ候事、

一、筑紫《九州》御成敗、天正十五年、殿下《豊臣秀吉》御馬を出され、一篇に仰せ付けられ候刻、陸奥守の事、信長《織田》御時、武者の覚かいりきかましきと人の申し成し、殿下にも見及ばれ、筑紫の内、肥後国よき国に候間、一

国仰せ付けられ、兵糧鉄炮の玉薬以下まで入られ、普請等仰せ付けられ、陸奥守に下され候事、

一、御開陣の刻、国人くまもと（熊本）の城主、宇土城主、小代城主、かうへをゆるされ、堪忍分を下され、城主妻子共、大坂へ召し連れられ、国にやまひのなき様に仰せ付けらる、その外残りの国人の儀、人しちをめし置かれ、妻子共、陸奥守これ有るくまもとに置かれ候処、国人くまへ（隈部）但馬、豊後（大友氏）と一味せしめ、日来疎意なき者の儀に候に、本地の事は申すに及ばず、新地一倍下さるるものの所へ、大坂へ一往の御届を申さず、陸奥守とり懸け候に付て、くまへかしらをそり、むつのかみ所へ走り入り候処、その子式部大輔親につられ候とて、山賀の城へ引き入れこれ有り、国人併せて一揆をおこし、くまもとへ取り懸かり候て、陸奥守難儀に及び候間、小早川（隆景）、龍造寺（政家）、立花左近（宗茂）を始め、仰せ付けられ、くまもとへ通路、城へ兵糧入させられ候へども、はか行かざるに付て、毛利右馬頭（輝元）仰せ付けられ、天正十六年正月中旬、余寒甚しき時分、如何に思し召し候といえども、右人数仰せ付けられ、肥後一国平均に成し候事、

一、右曲事の条々これ有といえども、その儀を顧みず、肥後国仰せ付けられ候に、月を一ヶ月共あい立てず、乱を出かし候儀、殿下まて御面目を失わされ候間、御糺明なしにも、陸奥守腹をきらせらるへきと思し召し候へども、人の申し成しもこれ有るかと思し召され、浅野弾正（長政）、生駒雅楽（親正）、蜂須賀阿波守（家政）、戸田民部少輔（勝隆）、福島左衛門大夫（正則）、賀藤主計頭（加藤清正）、森壱岐守（吉成）、黒田勘解由（孝高）、小西摂津守（行長）仰せ付けられ、右の者ども人数二三万召し連れ、肥後国へ上使として遣され、くまもとにこれ有る陸奥守をは、曲事に思し召し候間、先ず八代へ遣され、国の者どもは忠・不忠をわけ、悉首を刎ぬべきの由、仰せ遣わされ候処、また候や、陸奥守上使にもあい構わず、大坂へ越し候間、一書の如く条々曲事者に候

間、尼崎に追い籠め、番衆を付け置かれ、筑紫へ遣され候上使帰り次第に、各国の者ども、成敗の仕り様をも聞し召され、その上にて、陸奥守をは、国をはらはせられ候か、または腹をきらせられ候か、二ヶ条に一ヶ条仰せ付けらるべしと思し召され候処、肥後事は申すに及ばず、九州悉くあい静まり、国人千余首を刎ね、その内にて大将分首百はかり、大坂へもたせ上候、然らば、喧嘩の相手国の者どもの首を刎ね、陸奥守あいたすけさせられ候へは、殿下御紛かと、国々の者ども存候へは、如何に思し召し候間、不便なから後五月十四日（天正十六年）、陸奥守に腹をきらせられ候事、

一、陸奥守肥後にこれ有る者ども、曲事にあらす候間、その分その分に知行下さるべく候間、くまもとに堪忍仕るべき事、

天正十六後五月十四日　（朱印）（豊臣秀吉）

島津兵庫頭（義弘）殿とのへ

【史料26】 天正十七年十一月二十四日付け北条氏直宛て豊臣秀吉朱印状（『伊達』四五二）

條々

一、北条（北条氏）の事、近年公儀を蔑し、上洛にあたわず、殊に関東において、雅意に任せ狼藉の条、是非に及ばず、然る間、去年御誅罰をなさるべきのところ、駿河大納言家康（徳川）卿縁者たるにより、種々懇望し候の間、条数をもって仰せ出され候へば、御請け申し付きて、御赦免なされ、即ち美濃守（北条氏規）まかり上り、御礼申し上げ候事、

一、先年家康あい定めらる条数、家康表裏の様に申し上げ候の間、美濃守御対面なさるるの上は、境

目等の儀、聞し召し届けられ、有様に仰せ付けらるべくの間、家々郎従指し越し候へと仰せ出さるるのところ、江雪（板部岡）差し上げおわんぬ、家康と北条国切の約諾の儀、如何と御尋ね候ところ、その意趣は、甲斐・信濃中城々は、家康手柄次第申し付けらるべし、上野中は北条申しつけらるべきの由あい定まり、甲信両国は、即ち家康申し付けられ候、上野沼田の儀は、北条自力におよばず、却って家康相違の様に申し成し、事を左右に寄せ、北条出仕迷惑の旨、申し上ぐかと思し食され、その儀においては、沼田下さるべく候、さりながら、上野のうち、真田持ち来り候知行三分の二、沼田城にあい付け、北条へ下さるべく候、三分一は真田に仰せ付けらるるの条、その中にこれ有る城をば、真田あい拘うべきの由仰せ定められ、右北条に下され候三分二の替地は、家康より真田にあい渡すべきの旨御究なされ、北条上洛仕るべしとの一札出し候はば、即ち御上使を指し遣わされ、沼田あい渡さるべしと仰せ出され、江雪返し下され候事、

一、当年極月上旬、氏政（北条）出仕致すべきの旨、御請の一札進上し候、これにより、津田隼人正（盛月）・富田左近将監（一白）を差し遣わされ、沼田渡し下され候事、

一、沼田要害請取候うえは、右一札にあい任せ、即ち罷り上るべきと思し食さるるのところ、真田相拘候なくるみ（名胡桃）の城を取、表裏仕り候うえは、使者に御対面なさるべき儀にあらず候、かの使生害に及ぶべきといえども、助命し返し遣わすの事、

一、秀吉若輩の時、孤と成て、信長（織田）公幕下に属し、身を山野に捨て、骨を海岸に砕き、干戈を枕とし、夜はに寝、夙におきて軍忠をつくし、戦功をはけます、然而中比より君恩を蒙り、人に名をしらる、依の西国征伐の儀、仰せ付けられ、大敵に対し雌雄を争うの刻、明智日向守光秀、無道の故によ

り、信長公を討ち奉る、この注進を聞き届け、いよいよ彼の表押し詰め、存分に任せ時日を移さず上洛せしめ、逆徒の光秀の頸を伐り、恩恵に報ず、会稽を雪ぎ、その後柴田修理亮勝家、信長公の厚恩を忘れ、国家を乱し叛逆の条、是又退治せしめおわんぬ、此外諸国、叛ものはこれを討ち、降るものはこれを近づけ、麾下に属さざるものは無し、なかんずく秀吉は一言の表裏もこれあるべからず、この故にもって天道にあい叶う者ならんや、予すでに登龍揚鷹の誉に挙し、塩梅則闕の臣となる、万機の政に関わる、然るところ、氏直（北条）は天道の正理に背き、帝都に対し奸謀を企つ、何ぞ不蒙天罰を蒙らんや、古諺にいわく、巧訴は拙誠にしかず、所詮あまねく天下、勅命に逆らう輩、早く誅罰を加えざるを可とせず、来歳は必ずや節旄を携え進発せしむ、氏直の首を刎ねるべき事、踵を廻らすべからざるものなり、

天正十七年十一月廿四日　（朱印）（豊臣秀吉）

北条左京大夫（氏直）とのへ

【史料27】〔天正元年〕十二月二十八日付け伊達輝宗宛て織田信長朱印状（『伊達』二九一）

去る十月下旬の珍簡、近日到来、拝披せしめ候、誠に遼遠を示し給い候、本懐浅からず候、殊に庭籠の鵤鷹一聯・同巣主大小あい副られ候、希有の至、歓悦斜ならず候、鷹の儀累年随身他に異なるの処、これを執り送り給い候、別して自愛この節に候、則ち鳥屋を構え入れ置くべく候、秘蔵他なく候、よって天下の儀、あい聞うる如くに候、公儀（足利義昭）御入洛に供奉せしめ、城都御安座を遂げられ、数年静謐の処、甲州武田（信玄）・越前朝倉（義景）已下、諸侯の佞人一両輩あい語らい申し、公儀を妨げ、御逆心を企てられ候、

是非なき題目、無念少からず候、然る間その断に及ぶべき為、上洛の処、若公渡し置かれ、京都御退城有り、紀州熊野辺に流落の由に候、然れども武田入道《武田信玄》病死せしめ候、朝倉義景江・越境目において、去る八月に一戦を遂げ、即時大利を得、首三千余討ち捕り、直に越国へ切り入り、義景の首を刎ね、一国平均に申し付け候、それ以来若狭・能登・加賀・越中は皆もって分国となし、存分に属し候、五畿内の儀申すに覃ばず、中国に至り下知に任せ候次第、その隠有るべからず候、来年は甲州に発向せしめ、関東の儀成敗すべく候、その砌深重に申し談ずべく候、御入魂専要に候、猶もって芳問大慶に候、必ずや是よりも申し展ぶべきの条、筆を抛ち候、恐々謹言、

〔天正元年〕十二月廿八日　信長《織田》（朱印）

謹上　伊達殿《輝宗》

【史料28】〔天正二年〕九月二日付け伊達輝宗宛て織田信長書状（『伊達』三〇〇）

去る初冬の芳墨拝閲を遂げ、委曲返答に及び候し、その後は無音、所存の外に候、鷹、今に堅固に候、自愛推察に過ぎ候、よって五種、目録別紙これ有り、これを進せ候、珍しからず候といえども、音問の便に候、申し旧り候如く、自今以後別してあい通ぜらるべきの事希う所に候、恐々謹言、

〔天正二年〕九月二日　信長《織田》（花押）

謹上　伊達次郎殿《輝宗》

【史料29】〔天正三年〕十月二十五日付け伊達輝宗宛て織田信長朱印状写（「関本与次平所蔵文書」、東京大

学史料編纂所所蔵「大日本史料稿本」）

（中略）抑も五畿内の儀は申すに覃ばず、西国に至りても下知を加え候、然れども甲州の武田《（勝頼）》不儀を構え、去五月、参・信境目へ乱入の条、時日を移さず出馬せしめ、合戦を遂げ切り崩し、甲・信・駿・上の諸卒悉く討ち捕り、鬱憤を散じ候、同八月に越・賀の凶徒等数万人撫で切り、即時平均に属し候、この両国は多分に一揆の類、物の数にあらず候といえども、当時天下に対しその禍をなすの間、退治せざるにおいては、際限あるべからずの条、討ち果たし候、東八州の儀、是亦、畢竟存分に任すべく候、然らば、程近く切々に申し通ずべく候、所用の儀疎意なく候、猶使者申すべく候、恐々謹言、

（天正三年）十月廿五日　信長《（織田）》（朱印）

伊達殿《（輝宗）》　進之候、

【史料30】（天正三年）十一月二十八日付け佐竹義重宛て織田信長朱印状（「飯野盛男氏所蔵文書」『信長』六〇七）

いまだ申し通ぜずといえども、事の次をもって申せしめ候、抑も甲州武田《（勝頼）》の事、この方に対し近年不議の躰、是非に及ばざる次第に候、然して去五月、三・信堺目において一戦を遂げ、甲・信・駿・上の軍兵多分に討ち果たし、鬱憤を散じ候、定めてその隠あるべからず候、武田四郎《（勝頼）》一人討ち漏らし候、然る間彼の国に向かい出馬せしめ、退治を加うべく候、この砌は一味、天下の為自他の為然るべく候か、委曲小笠原右近大夫《（貞慶）》伝達有るべく候、恐々謹言、

（天正三年）十一月廿八日　信長《（織田）》（朱印）

佐竹《（義重）》左京大夫殿

【史料31】〔天正三年〕十一月二十八日付け小笠原貞慶宛て織田信長朱印状写（東京大学史料編纂所採訪画像「小笠原系図」所収）

（中略）奥州伊達《（輝宗）》、連々あい通じ候、是また別条有るべからず候、次で北国の事、去八月出馬せしめ、越前・加賀の凶徒等悉く切り、則時平均に属し、城代已下堅固に申し付け、馬を納め候、五畿内は異儀無く候、大坂本願寺の事、種々懇望の条、寺内を囲む堀・塀以下引き崩し、赦免し候、中国の儀、分国として、毛利《（輝元）》・小早川《（隆景）》等は家人の姿に候、筑紫《（九州）》の義は、大友《（大友氏）》を初め手に入り候、諸国かくの如くの躰、その隠あるべからず候、関東各入魂においては、天下安治歴然に候、猶使僧申し含め候、恐々謹言、

（天正三年）十一月廿八日　信長《（織田）》朱印

小笠原右近大夫《（貞慶）》殿

【史料32】〔天正五年〕閏七月二十三日付け伊達輝宗宛て織田信長朱印状（『伊達』三〇二）

謙信悪逆につき、急度追伐を加うべく候、本庄雨順斎《（繁長）》と相談せられ、別しての粉骨専一に候、猶追々申すべく候なり、謹言、

（天正五年）閏七月廿三日　信長《（織田）》（朱印）

伊達左京大夫《（輝宗）》殿

【史料33】〔天正五年〕閏七月十日付け織田信長宛て安藤愛季書状（「佐々貴文書」『青森』一〇五九）

今度南部縫助をもって申し達し候処、禁中への儀、尊意をもって早速にあい調い、勅免の御綸旨下さるるの候、かくの此きの御芳恩申し述ぶるも疎に候、いよいよ御奉公においては如在存ずべからず候、これに依り則ち使者に及ぶべく候えども、海路秋更の間、先々便札の式、その返し少なからず候、猶羽柴筑前守《（秀吉）》へ申理候、恐惶謹言

（天正五年）閏七月十日　安倍《（安藤）》愛季（花押）

謹上　安土江《（織田信長）》　参

【史料34】〔天正六年〕十月十五日付け遠藤基信宛て大津長昌書状（「仙台市博物館所蔵文書」「遠藤山城」三〇）

芳札の旨披露せしめ、御返答に及ばれ候、謙信《（上杉）》遠行已来、越後に至り御働き、端々破却の由、然るべく候、この方よりも越中表に出勢せられ、一戦を遂げ、敵数千人討ち取り、一国平均に候、然る間越後の儀、即時退治を加えらるべく候、その口の事、御馳走肝要候、委細小笠原殿《（貞慶）》伝達あるべく候、恐々謹言、

（天正六年）十月十五日　長昌《（大津）》（花押）

遠藤山城守《（基信）》殿　御宿所

【史料35】〔天正九年〕九月十九日付け遠藤基信宛て柴田勝家書状（「仙台市博物館所蔵文書」「遠藤山城」一

〇）

御札拝見本望の至りに候、輝宗《伊達》天下に対され御入魂の儀、もっともに候、以来切々申し承るべく候、この口警固として越前に在国せしめ、去年覚悟をもって加州・能州平均に申し付け候、上方の御用の儀、承り、疎意有るべからず候、（中略）

（天正九年）九月十九日　勝家《柴田》（花押）

遠藤山城守殿《基信》　御返報

【史料36】〔天正十年〕六月一日付け佐竹義重宛て遠藤基信書状（『福島』「佐竹文書」一二五）

態と啓達せしめ候、そもそも甲州あい破り、上州表にまで上方軍勢乱入の由に候、その後関東中御備あい替りなき儀に候や、御床敷の由、正印申し入れられ候、北国口の事は、柴田修理亮《勝家》始として、越中に至り打ち出でられ候、当方へも節々安土より御理候条、羽・奥両州諸家、過半申し合わされ、御挨拶申され候、年来信長《織田》様へ御入魂に候条、いよいよ天下一統の御馳走申さるべく候、しかしながら甲州《武田氏》御滅亡、歎ケ敷の由と存じられ候、向後においては遠国に候とも、御当・当方他に異なり仰せ合され候はば、自然の御用にも立つべく候か、何の御国も御油断有るべからず候、さてまた去春、御使として相・当無事の儀、仰せ越され候、当方存分始中終御挨拶に及び候いき、聞こし召し届けられ候や、相に御荷担の御意見、単に案外の由、御恨言申され候、書余後音の時を期し候、恐々謹言、

（天正十年）六月一日　遠藤山城守　基信（花押）

佐竹《義重》　御所　御宿所

【史料37】〔元亀三年〕五月二日付け小早川隆景宛て織田信長書状（『小早川』二七〇）

先度使僧差し上され候、殊に鵜鷹居え給い候、自愛少からず候、仍って大友宗麟、累年京上を望の由に候、このごろも案内に覃ばれ候といえども、その方と別して申し通じ半ばに候条、遠慮せしめ、いまだ返答に能わず候、如何有るべく候や、天下の儀は信長（織田）異見を加うる刻、遠国の仁の上洛の事、且うは京都の為、且うは信長の為、尤もに候か、御分別を遂げられ示し給い候はば、豊州へ申し送るべく候、さ候とて、その方に対し毛頭疎意なく候、隔心有るべからず候、無人の躰にて、越境を為すべく候処、自然聊爾の趣も候ては、外聞然るべからず候間、旁もって申し届け候、猶日乗・夕庵申すべく候、恐々謹言、

（元亀三年）五月二日　信長（織田）（花押）

小早川左衛門佐（隆景）殿

【史料38】近衛前久条書案（「島津家文書」『旧記』附一―一〇一一）

一、御間成し下しの事、
一、公儀（足利義昭）御名乗の御字、その外御入魂次第の条々、御相違の事、
一、大坂に御座候刻、御間御扱の様子の事、
一、三好家阿州衆幷びに佐々木・朝倉言上の次第、付、誓紙進上の事、御返事の様子条々の事、
一、越州に至り御下向の次第の事、付、還御の次第、
一、それ以後丹州に至り御下向の事、

一、織田弾正忠《信長》より御扱の次第、付、御入眼なき次第、
一、今度御上洛の事、
一、去々年以来、公儀御懇望の次第、
一、甲州より御間御扱の次第、付、御許容なき次第、
一、信長に対し御入魂の上は、無二の御覚悟の事、
一、御敵方、御許容有るべからざるの事、
一、公儀備前国御頼み候といえども、同心申さざる次第、
一、貴久御弔として、御使僧の事、
一、日向国の事、
以上、

【史料39】〔天正六年〕九月十二日付け伊集院忠棟・喜入季久宛て吉川元春・小早川隆景連署状（『島津』一一一一）

（中略）此表の事、御入洛の催として、上口御行に及ばるるの処、大友《大友氏》の事、動計略を廻らせ候事、御帰京その妨なきにあらず候、然る間、一勢指下、防長両国の者共に申し付け、豊筑堺目に於いて鉾楯に及び候、貴国の御事、随ては日州に至り御発足をなされ、切々あい動かるべき事、しかしながら御帰洛の御供奉同前に候、御忠儀においては、この節に候か（中略）

（天正六年）九月十二日　隆景《小早川》（花押）

元春《（吉川）》（花押）

伊集院右衛門大夫《（忠棟）》殿

喜入摂津守《（季久）》殿　御宿所

【史料40】〔天正八年〕八月十二日付け島津義久宛て織田信長書状案（『島津』九八）

いまだあい通せず候といえども、啓せしめ候、よって大友方と鉾楯の事、然るべからず候、所詮、和合尤もに候か、将又、この面の事、近年本願寺緩怠せしむるの条、誅罰の儀申し付け候、然して大坂退散すべきの由、懇望により、赦免せしめ、紀州雑賀に至り罷り退き候、畿内残る所なく静謐に属し候、来年は芸州《（毛利氏）》において出馬すべく候、その刻別しての御入魂、天下に対し大忠たるべく候、尚近衛《（前久）》殿仰せらるべく候間、閣筆し候、恐々謹言、

〔天正八年〕八月十二日　信長《（織田）》

島津修理大夫《（義久）》殿　御宿所

【史料41】〔天正八年〕九月十三日付け大友宗麟・義統宛て近衛前久カ覚書（「大友家文書録」『大友』二五—二四六）

（中略）

一、今度両国へ御朱印状をなされ候、私の遺恨をもって異儀に及ぶ国の儀は、御敵たるべきの間、その上をもって御調儀仰せ付けらるべき事、

（中略）

（天正八年）九月十三日　（黒印）

大友左衛門督《義統》殿

大友左衛門入道《宗麟》殿

【史料42】〔天正九年〕六月二十八日付け伊勢貞知宛て島津義久書状案（『島津』一四二九）

（封紙ウハ書）「信長《織田》への御返札」

今度上様《織田信長》よりの御朱印、忝く拝領せしめ候、遠邦故、いまだ申し上げざるの儀、寔に本懐に背き候、そもそも豊《大友氏》・薩《島津氏》和睦の御扱、具さに仰せ出され候、愚欝多々候といえども、自他を捨て尊意に応ぜしめ候、此等の辻をもって、向後盟約の儀、希ところに候、兼てまた隣国に至り御出馬の御催、最中に候か、その刻は相当の馳走を遂げ奉るべく候、よって御太刀一腰、長光・御馬一疋進上致し候、旁御家門様《近衛前久》御前より、然るべく御調達目出べく候、恐々謹言、

（天正九年）六月廿八日　義久《島津》（花押）

伊勢因幡守《貞知》殿

【史料43】〔年月日欠〕島津義久書状案（『旧記』後一―一二〇九）

（中略）愚欝多々候といえども、御朱印忝きの条、自他を捨て貴意に応じ候、向後は遠国ながら、会盟の儀欣悦たるべく候（中略）

【史料44】天正九年十一月五日付け島津義久書状案（端裏書、『旧記』後一―一二四二）

来年、上様《島津義久》御上洛の御談合にて、球国《琉球国》へ御用の物御求に、飯牟礼紀伊介老中より指下せらる時の御書案、この外老中より三司官へ一通別にあり、

【史料45】〔天正十年〕十一月二日付け島津義久宛て足利義昭御内書（『島津』九〇）

今度織田《信長》の事、遁れ難き天命により、自滅せしめ候、それに就きあい残る輩、帰洛の儀切々申すの条、示し合わせ、急度入洛すべく候、この節別して馳走悦喜とすべし、仍太刀一腰、黄金拾両、到来、喜び入り候、猶昭光《真木島》・昭秀《一色》申すべく候なり、

（天正十年）十一月二日　（花押）《足利義昭》

島津修理大夫《義久》とのへ

【史料46】「多聞院」天正十年三月二日条

一、信州へ当国《大和》南衆まず山城までとて、今日少々陣立ちしおわんぬ、上下の迷惑限なき事なり、

【史料47】「蓮成院記録」天正十年三月五日条

一、今度上様《織田信長》東国御出馬に付き、当国《大和》衆昨日より上洛す、（中略）殊更遠国迷惑の由なり、甲斐・越後の弓矢、天下一の軍士の由風聞、一大事の陣立なり、

【史料48】「晴豊公記」天正十年三月四日条

今日明智（光秀）人数しなの（信濃）へちりぢりとこし候なり、今度大事の陣の由申す、人数各いかにもしほしほしたるていにて、せうし（笑止）なるよし京はらへ（童）の言なり、

【史料49】〔天正十年〕三月十六日付け松井友閑宛て織田信長黒印状写（「宇野文書」『静岡』一五一二）

この表の事、最前穴山（梅雪）忠節を抽んずべきの由申し候の条、朱印をなし、我々信州に至り出馬の刻、色を立つべきの由、路次・日限あい計られ、申す間に候の処、甲（甲斐国）風聞、穴山の足弱等、甲府より彼等館へ引き越し候の条、四郎（武田勝頼）諏方に居陣候の間、則ち甲州館へ引き退き候、その外かの国の者ども、我も我もと忠節すべき覚悟に付て、館にもあい堪らず、山中へ逃げ隠れ候の間、小山田（信茂）以下心を合わせ、滝川左近（一益）の人数を遣し候、今月十一日、四郎父子（武田勝頼・信勝）討ち捕り、首到来し候、典厩（信豊）の事、西上州近辺小諸城に楯籠もり候、是も出羽守（下曾根浄喜）忠節として、今日十六日に切首到来し候、その頸ども、当城飯田に掛け置き候、飛脚見候て物語りすべく候、四郎弟仁科五郎（盛信）は高遠にて討ち捕り、是も頸到来し候、その外甲・信歴々の者ども、悉く打ち果たし候、また降人に出候者ども、数を知らず候、是も太略生害させ候、自然助け置くも有べく候、また飛・濃の牢人、土岐美濃守・犬山岩倉等を始め執り置き候、是もそれぞれにあい計らい候、また承禎（六角）子佐々木次郎（六角義治）ならびに若狭の武田五郎、是も小屋に蟄居し候、搦め捕り生害させ候、北は越後堺、東は臼井（碓氷）峠・川中嶋等、一所も残さず、侘言せしめ落着し候、西上州も同前に候、かくの如く卅日・四十日の間に残りなく一篇に属す事、誠に我なから驚き入るばかりに候、相州氏政（北条）は駿河へ出張候て、一廉の馳走し候、東八州の事は勿論異儀なく、隙を明け候、然ら

ば、甲・信の義、城介《（織田信忠）》を残し置き、万申し付け候、信長はやがて帰城すべく候、この旨安土へも申し越さず候、京都・安土・五畿内幷羽柴藤吉郎《（秀吉）》かたまて、残さずあい触るべく候、態と仰せ越さるべく候時分、飛脚到来し候間、具さに筆を染め候なり、

（天正十年）三月十六日　信長《（織田）》

宮内卿法印《（松井友閑）》

（中略）

【史料50】「多聞院日記」天正十年三月二十三日条

一、甲州悉く落居しおわんぬ、去十六日に、前右府《（織田信長）》へ四郎殿父子《（武田勝頼・信勝）》首ならびに典厩《（武田信豊）》の首到来しおわんぬ、四郎殿は午の歳の人卅七、その子太郎殿と云い十六才なりと、典厩は屋形のいとこなり、今度帰参候穴山《（梅雪）》と云うは、本来祓川の者にて、先の信源《（武田信玄）》のむこなり、人数五千計の大将、則ち駿河の代官なり、金子二千枚の礼にて帰忠と云々、本来駿河の屋形《（今川氏）》を裏帰りたる仁なりと云々、江州の佐々木四郎弟次弟殿幷若狭武田の五郎殿は生け取りて討つと云々、東は碓氷が峠、北は越後迄の間に信長の敵は一人もこれ無しと云々、

一、先段、天の雲焼くと見たるは、信州浅間の岳の焼たるなり、昔も甲州・信州以下破るる時は、焼け候間、今度の浅間の岳の焼るは、東国の物恠なりと、古の老人語り候、この間沙汰ありしとの不思儀の事なり、またこの間の大風・霰・飛火・逆雨以下は内裏より信長《（織田）》の敵国の神達を悉く流されおわんぬ、信長本意摂らば、勧請有るべしとの事と云々、神力・人力及ばざる事なり、一天一円、随うべ

きと見たり、抑々、

一、仙学房語云、先年、この十年も前なり、三河国明眼寺の可心という僧、法隆寺に来たりて、一年程寺に在りて、太子伝の講義を聞きおわんぬ、彼寺は太子の御建立なり、昔より乱入無き寺なり、岡崎殿家康（徳川）といい、帰依の僧なり、十年斗先の正月二日の夜の夢に、聖徳太子目の当たり可心に対し、仰せて云う、天下を諍う者三人あり、義景（朝倉）は望むとも用無ければ成るべからず、信源は望むに武しといえども、慈悲無く成るべからず、信長一人に帰すべきなり、吾頼朝（源）に遣て太刀、一天に弥る、その太刀熱田の社に在るべし、早々に信長へ遣すべしと仰と見えて夢さめぬ、希代の事なり、去りながら夢なればと打ち過る処、また同十五日の夜の夢に、何とて先日仰せ付けらる太刀とは、遣わさず候と厳く仰せと見えおわんぬ、然りといえども、申し上ぐべき事いかがと過ぎ行く所に、また同二月五日夜の夢に、太子仰せて云う、度々申し付くるに何とて太刀をば遣わさざるぞ、何に下知にしたがわず、汝を成敗あるべし仰と見えて、力なく、先ず明眼寺より熱田迄は三里ある間、社参して尋ぬる処、その太刀在るを取りて、帰に村井長門守（貞勝）に会いて、しかじかの夢を語るに、早々に注進すべきの由申すの間、家康へもこの事語て、則ち太刀を持参して、信長へ申上る処に、我も慥に申すが如き夢を見おわんぬ、近此大慶なりとて、天下存分ならす太子御建立の寺をば再興あるべきの由、契約有りと語りて、この事深く隠蜜（密）有るべきの由、先年申せしかども、我事なれは度々人に語らいおわんぬ、今思へは希代の夢なりと云々、その可心と云事は、法隆寺帰に、是へも来る、帰国の後も度々状に預かりおわんぬ、今に堅固なるべし、今四十四五の人なるべし、利根才学の仁なり、妻帯の僧なりと、

一、昨夕京へ首三ツ上り候いおわんぬ、三日晒して播州へ遣わすべしと云々、

【史料51】〔天正十年〕四月八日付け太田道誉・梶原政景宛て織田信長朱印状写（「太田文書」『信長』一〇〇六）

向後直参の事、尤もって神妙、これにより、目付として滝川左近（一益）在国の間、彼等と相談せしめ、別しての粉骨、しかしながら天下に対しての大忠たるべし、万一違背の族においては、即ち朝敵に補せらるべし、尚天徳寺大円坊申すべく候なり、

（天正十年）四月八日　　　信長（織田）（朱印影）

三楽斎（太田道誉）

梶原源太（政景）とのへ

主要参考文献

朝尾直弘『天下一統』（大系日本の歴史8　小学館、一九八八年）
跡部信「秀吉の人質策」藤田達生編『小牧・長久手の戦いの構造 戦場論 上』（岩田書院、二〇〇六年）
粟野俊之『織豊政権と東国大名』（吉川弘文館、二〇〇一年）
池享編『天下統一と朝鮮侵略』（日本の時代史13　吉川弘文館、二〇〇三年）
生嶋輝美「中世後期における「斬られた首」の取り扱い」（『文化史学』五〇号、一九九四年）
池上裕子『織豊政権と江戸幕府』（日本の歴史15　講談社、二〇〇二年）
伊集守道「天正期島津氏の領国拡大と足利義昭の関係」（『九州史学』一五七号、二〇一〇年）
市村高男『東国の戦国合戦』（戦争の日本史10　吉川弘文館、二〇〇九年）
岩澤愿彦「本能寺の変拾遺――『日々記』所収『天正十年夏記』について」（藤木久志編『戦国大名論集一七　織田政権の研究』吉川弘文館、一九八五年［初出一九六八年］）
同「「三職推任」覚書」（『織豊期研究』四号、二〇〇二年）
榎原雅治『室町幕府と地方の社会』（シリーズ日本中世史3　岩波書店、二〇一六年）
大島正隆『東北中世史の旅立ち』（そしえて、一九八七年）
大山智美「中近世移行期の国衆一揆と領主検地」（『九州史学』一六四号、二〇一二年）
岡崎寛徳『鷹と将軍』（講談社選書メチエ439、二〇〇九年）

尾下成敏「九州停戦命令をめぐる政治過程」（『史林』九三号（一）、二〇一〇年）
同　「豊臣政権の九州平定策をめぐって」（『日本史研究』五八五号、二〇一一年）
垣内和孝『伊達政宗と南奥の戦国時代』（吉川弘文館、二〇一七年）
金井静香「中世末期における近衛家と島津氏の交流」（科学研究費報告書『近世薩摩における大名文化の総合的研究』〔研究代表者・中山右尚〕、二〇〇三年）
金子　拓「法隆寺東寺・西寺相論と織田信長」（『東京大学史料編纂所研究紀要』一七号、二〇〇七年）
同　『織田信長〈天下人〉の実像』（講談社現代新書2278、二〇一四年）
河内将芳『戦国時代の京都を歩く』（吉川弘文館、二〇一四年）
神田千里「織田政権の支配の論理に関する一考察」（『東洋大学文学部紀要　史学科篇』二七号、二〇〇一年）
同　『織田信長』（ちくま新書1093、二〇一四年）
黒嶋　敏「織田信長と島津義久」（『日本歴史』七四一号、二〇一〇年）
同　『中世の権力と列島』（高志書院、二〇一二年）
同　『海の武士団』（講談社選書メチエ559、二〇一三年）
同　「室町時代の境界意識」（『歴史評論』七六七号、二〇一四年a）
同　「島津義久〈服属〉の内実」（谷口央編『関ヶ原合戦の深層』高志書院、二〇一四年b）
同　「信長の武威と軍記世界」（軍記・語り物研究会〔口頭報告〕、二〇一四年c）
同　『天下統一　秀吉から家康へ』（講談社現代新書2343、二〇一五年）
同　『琉球王国と戦国大名』（歴史文化ライブラリー421　吉川弘文館、二〇一六年）
黒田　智「信長夢合わせ譚と武威の系譜」（『史学雑誌』一一一号〔六〕、二〇〇二年）

黒田基樹『小田原合戦と北条氏』（敗者の日本史10　吉川弘文館、二〇一二年）
小林清治『伊達政宗』（人物叢書28、吉川弘文館、一九五九年）
同「伊達・北条連合の形成とその歴史的意義」（『歴史』八九号、一九九七年）
同『奥羽仕置と豊臣政権』（吉川弘文館、二〇〇三年）
同『伊達政宗の研究』（吉川弘文館、二〇〇八年）
小林清治・大石直正編『中世奥羽の世界』（東京大学出版会、一九七八年）
齋藤慎一『戦国時代の終焉　「北条の夢」と秀吉の天下統一』（中公新書1809、二〇〇五年）
滋賀県立安土城考古博物館『信長文書の世界』（同館、二〇〇〇年）
清水克行『室町社会の騒擾と秩序』（吉川弘文館、二〇〇四年）
戦国史研究会編『織田権力の領域支配』（岩田書院、二〇一一年）
染谷光廣『秀吉の手紙を読む』（吉川弘文館、二〇一三年）
高木昭作『将軍権力と天皇』（青木書店、二〇〇三年）
高橋康夫「織田信長と京の城」（日本史研究会編『豊臣秀吉と京都』文理閣、二〇〇一年）
竹井英文『織豊政権と東国社会――「惣無事令」論を越えて』（吉川弘文館、二〇一二年）
武田昌憲「『大友記』の写本考――付別本『大友記』翻刻（前）」（『茨城女子短期大学紀要』二三、一九九六年）
立花京子『信長権力と朝廷　第二版』（岩田書院、二〇〇二年）
谷口克広『信長の天下布武への道』（戦争の日本史13　吉川弘文館、二〇〇六年）
同『検証　本能寺の変』（歴史文化ライブラリー232　吉川弘文館、二〇〇七年）

同　　『信長の天下所司代　筆頭吏僚 村井貞勝』（中公新書２０２８、二〇〇九年）
同　　『織田信長家臣人名辞典（第二版）』（吉川弘文館、二〇一〇年）
同　　『信長と家康　清須同盟の実体』（学研新書104、二〇一二年）
谷口研語『流浪の戦国貴族近衛前久』（中公新書１２１３、一九九四年）
戸谷穂高「豊臣政権の取次――天正年間対西国政策を対象として」（『戦国史研究』四九号、二〇〇五年）
同　　「関東・奥両国「惣無事」と白河義親」（村井章介編『中世東国武家文書の研究』高志書院、二〇〇八年）
同　　「豊臣政権と西国・東国」（高橋典幸編『生活と文化の歴史学五　戦争と平和』竹林舎、二〇一四年）
中村孝也『新訂徳川家康文書の研究　上巻』（日本学術振興会、一九五八年）
中野　等「羽柴・徳川「冷戦」期における西国の政治状況」（藤田達生編『小牧・長久手の戦いの構造　戦場論 上』岩田書院、二〇〇六年）
同　　「豊臣政権の関東・奥羽仕置（続論）」（『九州文化史研究所紀要』五八号、二〇一五年）
成沢　光『政治のことば』（講談社学術文庫２１２５、二〇一二年）
萩原大輔『武者の覚え　戦国越中の覇者・佐々成政』（北日本新聞社、二〇一六年）
橋本　雄「遣明船の派遣契機」（『日本史研究』四七九号、二〇〇二年）
服部英雄『峠の歴史学』（朝日選書830、二〇〇七年）
早島大祐「「戒和上昔今禄」と織田政権の寺社訴訟制度」（『史窓』七四号、二〇一七年）
播磨良紀「織田信長の長島一向一揆攻めと「根切」」（新行紀一編『戦国期の真宗と一向一揆』吉川弘文館、二〇一〇年）

藤井讓治「「惣無事」はあれど「惣無事令」はなし」（『史林』九三号（三）、二〇一〇年）
同『天皇と天下人』（天皇の歴史05　講談社、二〇一一年a）
同『天下人の時代』（日本近世の歴史1　吉川弘文館、二〇一一年b）
藤井讓治編『織豊期主要人物居所集成』（思文閣出版、二〇一一年）
藤木久志『織田・豊臣政権』（日本の歴史15　小学館、一九七五年）
同『豊臣平和令と戦国社会』（東京大学出版会、一九八五年）
同『戦国史をみる目』（校倉書房、一九九五年）
同『新版　雑兵たちの戦場　中世の傭兵と奴隷狩り』（朝日選書777、二〇〇五年）
同『戦国の作法』（講談社学術文庫1897、二〇〇八年）
藤田達生『日本近世国家成立史の研究』（校倉書房、二〇〇一年）
堀新『天下統一から鎖国へ』（日本中世の歴史7　吉川弘文館、二〇一〇年）
同『織豊期王権論』（校倉書房、二〇一一年）
松本真輔『聖徳太子伝と合戦譚』（勉誠出版、二〇〇七年）
丸島和洋『武田勝頼　試される戦国大名の「器量」』（中世から近世へ　平凡社、二〇一七年）
宮本義己「足利将軍義輝の芸・豊和平調停（上・下）」（『政治経済史学』一〇二・一〇三号、一九七四年）
水野哲雄「戦国期島津氏領国における伊勢流武家故実の受容と展開」（『年報中世史研究』三三号、二〇〇八年）
水野嶺「足利将軍権力の消失」（『国史学』二二二号、二〇一七年）
八代市立博物館未来の森ミュージアム『秀吉が八代にやって来た』（同館、二〇一三年）

矢部健太郎「東国「惣無事」政策の展開と家康・景勝――「私戦」の禁止と「公戦」の遂行」（『日本史研究』五〇九号、二〇〇五年）
同『豊臣政権の支配秩序と朝廷』（吉川弘文館、二〇一一年）
山田邦明『戦国のコミュニケーション』（吉川弘文館、二〇〇一年）
山田康弘『戦国時代の足利将軍』（歴史文化ライブラリー323　吉川弘文館、二〇一一年）
山室恭子『黄金太閤　夢を演じた天下びと』（中公新書１１０５、一九九二年）
山本浩樹『西国の戦国合戦』（戦争の日本史12　吉川弘文館、二〇〇七年）
山本博文『幕藩制の成立と近世の国制』（校倉書房、一九九〇年）
同『鎖国と海禁の時代』（校倉書房、一九九五年）
同『島津義弘の賭け　秀吉と薩摩武士の格闘』（読売新聞社、一九九七年）

黒嶋 敏（くろしま さとる）
1972年東京都生まれ。青山学院大学大学院文学研究科史学専攻博士後期課程中退。博士（歴史学）。専門は日本中世史。現在、東京大学史料編纂所画像史料解析センター准教授。著書に『中世の権力と列島』（高志書院）、『海の武士団――水軍と海賊のあいだ』（講談社選書メチエ）、『天下統一――秀吉から家康へ』（講談社現代新書）、『琉球王国と戦国大名――島津侵入までの半世紀』（吉川弘文館）、共編著に『琉球史料学の船出――いま、歴史情報の海へ』（勉誠出版）などがある。

［中世から近世へ］

秀吉の武威、信長の武威 天下人はいかに服属を迫るのか

発行日 2018年2月21日 初版第1刷

著者 黒嶋 敏
発行者 下中美都
発行所 株式会社平凡社
〒101-0051 東京都千代田区神田神保町3-29
電話（03）3230-6581［編集］（03）3230-6573［営業］
振替 00180-0-29639
ホームページ http://www.heibonsha.co.jp/
印刷・製本 株式会社東京印書館
DTP 平凡社制作

ISBN978-4-582-47737-5
NDC分類番号210.47 四六判（18.8cm） 総ページ320